A VECES LA BIBLIA
ME HACE REÍR

A VECES LA BIBLIA ME HACE REÍR

Comedias y Monólogos Breves
Sobre historias bíblicas

MARTHA BOLTON

Casa Nazarena de Publicaciones

Publicado por:
Casa Nazarena de Publicaciones
17001 Prairie Star Parkway
Lenexa, KS 66220 EUA

Título original en inglés:
A Funny Thing Happened to Me on My Way Through the Bible
By Martha Bolton
Copyright © 1984
Published by Lillenas Publishing Company
A division of Nazarene Publishing House
Kansas City, Missouri 64109 USA
This edition published by arrangement with Nazarene Publishing House. All rights reserved.

Publicado en español con permiso de
Nazarene Publishing House de Kansas City, Missouri 64109 USA.
Todos los derechos reservados.

ISBN 978-1-56344-620-7

Dedicatoria

A Mamá y Papá,
por el amor,
las risas,
y la fe en Dios
que compartieron conmigo.

Contenido

Prefacio

A veces la Biblia me hace reír es una colección de comedias y monólogos breves basados en historias bíblicas.

Se ha dicho que la mejor manera de llamar la atención es mediante el humor. Cada una de estas obras cortas tiene como propósito presentar una verdad espiritual usando buen humor en la historia.

Como la oración de San Francisco de Asís, la risa nos puede ayudar a aceptar las cosas que no podemos cambiar y nos motiva a cambiar las cosas que no podemos aceptar. Es una herramienta poderosa. Puede hacer que la gente dedique tiempo para reflexionar cuando, de otro modo, no lo harían.

Estas comedias y monólogos breves se pueden presentar en diversas maneras tales como sermones ilustrados, servicios especiales en la iglesia, noches juveniles, banquetes, ministerios entre los niños, seminarios de enseñanza, programas de escuela dominical o, si usted es tímido, frente a su espejo.

Los requisitos de elenco son pocos y la mayoría de los accesorios pueden representarse por medio de pantomima. Para lograr mejor efecto, se recomienda que usen vestimentas similares a las de los tiempos bíblicos, y apagar las luces al final de cada obra parece dar buen resultado.

Algo importante que se debe recordar en toda presentación teatral, pero especialmente en comedia, es la proyección de la voz. Su audiencia no reirá si no escuchan la frase. (Algunas veces no reirán AUNQUE escuchen la frase, pero si eso sucede, simplemente continúe con la obra, ¡y procure evadir cualquier objeto que le lancen!).

Además, no tema moverse en el escenario. Un actor que permanece en un solo lugar por mucho tiempo puede servir de "tiro al blanco". Actúe su papel con entusiasmo. Por lo general, a la audiencia le disgusta que un actor duerma más que ellos durante la presentación.

Pero, sobre todo, tenga en mente el mensaje de cada comedia y monólogo. En "Noé y el vecino entrometido" hay algo que aprender sobre la obediencia. Podemos ver cómo la desobediencia de Jonás lo llevó a "Un enorme problema". Y en "El primer 'Superhéroe'", el buen samaritano nos enseña cómo debemos tratar a nuestro prójimo. Reír es divertido, pero recuerde que sólo es un medio para lograr que la audiencia considere estas verdades, con la esperanza de que comiencen a aplicarlas a sus vidas.

— *Martha Bolton*

"El llenará aún tu boca de risas,
y tus labios de júbilo".

Job 8:21

Agradecimiento

Quisiera agradecer a:

Mi esposo Russ, quien sinceramente creía que una vez terminado este libro, se terminaría el desorden sobre mi escritorio.

Mis hijos Rusty, Matt y Tony, quienes han crecido escuchando la máquina de escribir como música de fondo durante la cena... y nunca se quejaron.

Paul Miller, quien me animó a escribir este libro.

Mi familia y amigos (ellos saben quiénes son), con quienes siempre he contado cuando los necesité... o por lo menos dejaron la máquina contestadora encendida.

Y finalmente, a todas las iglesias que me han permitido practicar mis obras en ellas a lo largo de los años. ¡El pueblo de Dios realmente sabe reír!

EL CAMINO AL CIELO ES DE UN SOLO SENTIDO

La historia de la torre de Babel

• Comedia breve •

Personajes:

CONTRATISTA DE CONSTRUCCIÓN

VISITANTE

EXTRAS (*opcional*)

(*Comienza la obra con el CONTRATISTA DE CONSTRUCCIÓN dando instrucciones a los obreros. Estos pueden ser imaginarios o se pueden usar extras*).

VISITANTE (*acercándose al CONTRATISTA*): ¿Qué estás construyendo?

CONTRATISTA: Ah, sólo una torre.

VISITANTE: ¿Una torre, eh? (*La ve de arriba hacia abajo, después de abajo hacia arriba*). ¿Acaso no puedes construir castillos de arena como todos los demás?

CONTRATISTA: ¡No se puede construir un castillo de arena al cielo!

VISITANTE: ¿Estás construyendo esta cosa hasta el cielo?

CONTRATISTA: Así es.

VISITANTE: Es una locura.

CONTRATISTA: No, no lo es.

VISITANTE: Nunca lo lograrás.

CONTRATISTA: ¿Lo has intentado?

VISITANTE: No.

CONTRATISTA: Entonces, ¿cómo sabes que no se puede hacer? (*Grita a uno de los obreros*) ¡Oye tú! ¡Regresa y trae una carga completa de ladrillos! (*Al VISITANTE*) ¡Tienes que vigilar a estos hombres! De lo contrario, nunca traen una carga completa.

VISITANTE: ¡Creo que tú tampoco tienes una carga completa! (*Señala con los dedos la cabeza, indicando que está loco*).

13

CONTRATISTA: Ahora te ríes, pero nosotros reiremos al último. ¡Vamos a seguir poniendo un ladrillo sobre otro hasta que un día de estos lleguemos a esas puertas blancas!

VISITANTE: ¡Me temo que lo único blanco que verás será una camisa de fuerza!

CONTRATISTA: Crees que estoy loco, ¿verdad?

VISITANTE: ¡Creo que has estado bajo el sol mucho tiempo! (*Se ríe*) ¡Una torre al cielo! ¡Es absurdo!

CONTRATISTA: Te traeré un recuerdo.

VISITANTE: ¿Crees que Dios estará contento con tu proyectito?

CONTRATISTA: No sé. ¡Le preguntaré cuando llegue allá!

VISITANTE: ¿Ves lo que te quiero decir? Estás loco. No puedes simplemente subir al cielo.

CONTRATISTA: ¡Sólo obsérvame mientras lo hago!

VISITANTE: ¿Realmente crees que todo lo que tienes que hacer es construir una torre muy alta y que eso te llevará al cielo?

CONTRATISTA: ¡Seguro! Y si no resulta, pues, podremos abrir un restaurante con una vista hermosa. De cualquier modo, estamos hablando de una buena jubilación.

VISITANTE: Pero, el camino al cielo es de un solo sentido. ¡Y créeme, vas en sentido contrario!

CONTRATISTA: ¡Lo único que sé es que vamos hacia ARRIBA! Así que, con permiso...

VISITANTE: Te digo que sólo hay UN camino al cielo, ¡y este no es el camino!

CONTRATISTA: Bueno, ya veremos. Por ahora estamos tratando de trabajar. Así que, ¿podrías llevar tu drama a otra parte?

VISITANTE: Llevarás adelante tu plan, ¿verdad?

CONTRATISTA: Hasta el cielo. ¿Podrías esfumarte de una buena vez? ¡Me estás colmando la paciencia!

VISITANTE: ¡A Dios no le va a gustar esto!

CONTRATISTA: ¡Pues, es una lástima, porque estamos construyendo una torre al cielo y no hay nada que El pueda hacer al respecto!

VISITANTE: ¿Ah, sí?

CONTRATISTA: ¡Sí! (*Luego se dirige a alguien fuera del escenario*) ¡Vamos, date prisa con esos ladrillos!

VOZ FUERA DEL ESCENARIO (*lentamente y recalcando cada palabra*): *I don't understand, my friend!** [pronunciación: *Ai dont anderstand, mai frend*]. ∎

---

* Traducción: "Amigo, yo no comprendo".

La comida más cara de la historia

La historia de Jacob y Esaú

• Comedia breve •

Personajes:

JACOB

ESAÚ

(La escena empieza con JACOB meneando dos ollas sobre el fuego del campamento, en este caso simulado. ESAÚ se acerca).

ESAÚ: ¿Qué hay en la olla?

JACOB: ¿Cuál de las dos?

ESAÚ *(señala la olla más cercana a él)*: Esa.

JACOB: Ropa sucia.

ESAÚ: ¿Y en esa otra? *(señalando la otra olla)*.

JACOB: Estofado.

ESAÚ: Estofado, ¿eh?

JACOB: Eso fue lo que dije.

ESAÚ: ¿Tiene relleno de carne?

JACOB *(mira extrañado a ESAÚ)*: ¿Relleno de carne? Creo que has estado en el desierto demasiado tiempo.

ESAÚ: Sólo tengo hambre.

JACOB: ¡Puedes probar un poco... *(ESAÚ va a tomar un tazón, pero JACOB lo detiene y sonríe)*... por un precio!

ESAÚ: ¿Quieres decir que tengo que pagar por él?

JACOB: No doy fiado.

ESAÚ: ¡Pero soy tu hermano!

JACOB: Nadie dijo que tuvieras que dejar propina.

ESAÚ *(disgustado)*: Bueno, ¿cuál dijiste que era el estofado?

JACOB *(señalando)*: El de aquel lado.

ESAÚ (*se acerca y huele el estofado; después huele la ropa sucia*): ¿Cómo puedes diferenciarlos?

JACOB: El estofado tiene zanahorias.

ESAÚ: ¿Sabes? Quizá seas un gran pastor y aun un agricultor fuera de lo común. ¡Pero no sabes cocinar!

JACOB: ¡Oyeme! Si no te gusta, espera hasta que llegues a casa para comer.

ESAÚ: ¡Lo haría, pero me estoy muriendo de hambre!

JACOB: Entonces, ¿qué valor tiene un tazón de estofado para ti?

ESAÚ (*huele nuevamente la primera olla, después la segunda*): ¿Estás seguro de que ésta no es la ropa sucia?

JACOB (*algo impaciente*): ¿Quieres un poco o no?

ESAÚ: ¿Por casualidad sabes qué está cocinando mamá para la cena?

JACOB: Sobras.

ESAÚ: ¿Sobras de qué?

JACOB: Las sobras de las sobras de anoche.

ESAÚ: ¡Bueno, no importa, de todos modos no podría esperar! *(Se acerca a la primera olla y menea con una cuchara)* Tengo tanta hambre que podría comer un... (*mirando la olla*) ¿Acaso no despellejaste esto antes de cocinarlo?

JACOB (*mira la olla*): ¡Ese es mi sombrero! ¡Dije que la olla del estofado está allá! (*Señala*).

ESAÚ (*va a la segunda olla, mira el contenido y lo menea*): ¡Creo que prefiero comerme el sombrero!

JACOB: Pues, adelante.

ESAÚ: Bueno, de todos modos, no me has dicho cuánto me va a costar este estofado.

JACOB: Estoy dispuesto a hacer un trato.

ESAÚ: ¿De veras? (*con sospecha*) ¿Qué clase de trato?

JACOB: ¿Qué pensarías si te dijera que no tendrás que pagarme con dinero?

ESAÚ: Pensaría que algo estás tramando.

JACOB: Sólo dame tus derechos de primogenitura y estaremos a mano.

ESAÚ: ¿Mis derechos de primogenitura por un tazón de estofado? ¿Te parece que soy tan tonto?

JACOB: ¡Vamos paso a paso, Esaú! ¿Quieres el estofado o no?

ESAÚ: Ese es un precio bastante alto.

JACOB: Siempre has querido ser el bebé de la familia. Esta es tu oportunidad.

ESAÚ: Sólo quieres cambiar de lugar, ¿eh?

JACOB: Quiero tus derechos de primogenitura.

ESAÚ (*mira la olla del estofado*): Tengo tanta hambre.

JACOB: Entonces, ¿hacemos el trato?

ESAÚ (*huele profundamente la olla del estofado, suspira, después estrecha la mano de JACOB*): ¡Trato hecho, hermanito!

JACOB: Corrección. Hermano mayor.

ESAÚ: Bueno, hermano mayor, ¡sírveme en un tazón grande y apártate! ¡Me estoy muriendo de hambre! (*JACOB sirve un poco de estofado en un tazón y lo pasa a ESAÚ*) ¡Realmente espero que esto sepa mejor de como se ve! (*Lo prueba, después lo escupe*) ¡Tiene piedras!

JACOB: Hay algunos grumitos en el caldo.

ESAÚ: ¡Lo sé! ¡Acabo de romperme un diente con uno de ellos!

JACOB: Lo siento, pero no hay devoluciones.

ESAÚ: ¡Pero esto sabe a cemento!

JACOB: Un trato es un trato, hermanito.

ESAÚ: Pero yo hice el trato por un tazón de estofado. ¡Esto es cemento con zanahorias!

JACOB: ¡Se supone que un buen estofado *debe* pegarse a tus costillas!

ESAÚ: ¡Pegarse, sí! ¡Pero no romperlas al ir bajando! Además, ¿por qué son tan importantes para ti mis derechos de primogenitura?

JACOB: Porque sí.

ESAÚ: ¡Bueno, tengo el presentimiento de que acabo de cambiar algo muy importante por un estofado pésimo!

JACOB: No lo considerabas importante hasta que lo perdiste. Y ahora ya no lo tienes, hermanito.

ESAÚ: ¡Pero me tendiste la trampa en un momento de debilidad!

JACOB: Tuve que hacerlo. ¿Crees que habrías cambiado tus derechos de primogenitura por un poco de mi estofado si no te hubieras estado muriendo de hambre?

ESAÚ: Pero, no fue un trato justo. Mis derechos de primogenitura te durarán toda la vida. ¡Yo sólo tendré el sabor de este estofado por un mes o dos!

JACOB: Es demasiado tarde para cambiar de opinión.

ESAÚ: Pero te di algo que nunca se termina.

JACOB: ¿Y qué? Obtuviste lo que querías — un poco de estofado.

ESAÚ: Y acidez para toda la vida.

JACOB: No es mi culpa que no hayas podido resistir la tentación.

ESAÚ: ¿Y no puedo cambiar de opinión?

JACOB: ¡Es demasiado tarde!

ESAÚ: Bueno, en ese caso, sírveme otro tazón... ¡pero esta vez que sea de la ropa sucia! ■

NOÉ Y EL VECINO ENTROMETIDO

La historia de Noé y el arca

• Comedia breve •

Accesorios:

Escalera firme y no muy alta (para evitar accidentes)

Lona a prueba de agua para poner en el piso*

Dos cubos con agua, fuera del escenario*

Personajes:

NOÉ

VECINO (*¡no es muy alto pero sí muy entrometido!*)

(*La escena comienza con NOÉ trabajando en el arca [pantomima]. La escalera está al lado, representando la rampa que va hacia la puerta del arca. NOÉ continúa trabajando mientras se inicia el diálogo*).

VECINO (*acercándose a NOÉ*): ¡Eh, amigo! ¿Qué estás construyendo?

NOÉ: Un arca.

VECINO (*mira del piso al techo, después mira de nuevo a NOÉ, confundido*): ¿Conque un arca, no?... ¡Espero que tenga ascensor!

NOÉ (*moviendo la cabeza*): No nos concedieron el permiso.

VECINO (*camina y observa el arca*): Bueno, dime, ¿para que estás construyendo esta arca?

NOÉ: Dios me dijo que la hiciera.

VECINO: Así que Dios, ¿eh? ¿Es ese el nombre del inspector de la obra?

NOÉ: No precisamente.

VECINO: ¡Ah, Dios! ¡Quieres decir (*señala hacia arriba*)... Dios!

NOÉ: Sí.

VECINO: Así que... ¿hablas con Dios?

*Puesto que en esta comedia se usa agua, sugerimos que no se haga en el santuario, sino en el salón de actividades sociales u otro lugar.

NOÉ: Sí.

VECINO: ¿Y El te dice que construyas cosas?

NOÉ: Me dijo que construyera esta arca.

VECINO (*viendo hacia arriba*): Bueno, ¿y por qué tiene que ser tan grande? ¿Consiguió la madera muy barata o qué?

NOÉ: No sé, creo que sólo la quiere grande.

VECINO (*mientras actúa como si inspeccionara el trabajo*): ¿Alguna vez construiste una de éstas antes?

NOÉ: No.

VECINO: ¿Entonces cómo supiste cómo hacerla?

NOÉ: Sólo seguí las instrucciones.

VECINO: ¡Ah, ya! Es una de esas que vienen listas para armar.

NOÉ: No, Dios me indicó qué debía hacer.

VECINO (*aburrido*): ¿El otra vez?

NOÉ: Sí.

VECINO: Pero, no comprendo. ¿Por qué quiere que construyas un arca?

NOÉ: Dijo que enviaría un diluvio.

VECINO: ¿Un diluvio? (*Se ríe*) ¿Y le creíste?

NOÉ: Estoy construyendo el arca, ¿no?

VECINO: Noé, ¡no seas tonto! ¡Seguramente entendiste mal!

NOÉ: Bueno, ¿para qué arriesgarme? De todos modos, siempre he obedecido a Dios y mira a dónde me ha llevado.

VECINO (*mira a su alrededor riendo*): ¡Estás construyendo un arca en medio del desierto! ¡A eso te ha llevado!

NOÉ (*con confianza*): Lloverá. Lo sé.

VECINO (*sarcástico*): ¡Por supuesto que lloverá, Noé!

NOÉ: ¡Ya verás!

VECINO (*simula que toca el costado del arca*): ¡Noé, Noé, Noé! ¡Tú haces buen trabajo! ¡Deja esta locura y ven a trabajar en mi casa!

NOÉ: No tengo tiempo. ¡Tengo que subir a bordo el resto de los animales!

VECINO: ¿Llevarás animales?

NOÉ (*sin darle mayor importancia*): Dos de cada clase. Así me indicó Dios.

VECINO (*sarcástico*): Parece que será un viaje divertido.

NOÉ (*impaciente*): Bueno, me gustaría seguir platicando, pero hay un par de elefantes que me esperan en la rampa de carga.

VECINO (*ríe sarcásticamente*): ¿Qué tienes que hacer? ¿Recibir sus trompas como equipaje? (*Se ríe otra vez*).

NOÉ (*sin hacer caso del sarcasmo del vecino*): Algo por el estilo. Así que, ¿me permites?

VECINO: Claro. Adelante, sube a todos tus (*hace como que aclara la voz*) pasajeros. Yo esperaré aquí hasta que termines.

NOÉ: Como gustes, pero las nubes están comenzando a oscurecer (*comienza a alejarse*).

VECINO: ¡Ah sí, pero todavía creo que esta vez tu Dios está muy fuera de la realidad, amigo!

NOÉ (*extiende una mano, después actúa como si una gota de lluvia hubiese caído en su mano*): Pues, a mí me pareció que eso fue lluvia.

VECINO: Una gota aquí... una gota allá, ¡gran cosa! ¡No vas a asustarme como para que me suba a esa arca!

NOÉ: Ahora sí que me tengo que ir. Los elefantes...

VECINO (*lo interrumpe*): ¡Ah, no dejes que te atrase! Yo estaré aquí, esperando hasta que decidas admitir que yo tenía razón y hagas bajar a todos.

NOÉ (*con calma*): Te estás mojando mucho.

VECINO (*sin ceder*): ¿Llamas a ESTO mojarse?

NOÉ: No. (*Desde el costado del escenario le echan un cubo de agua al VECINO*) ¡A ESO lo llamo mojarse!

VECINO: Unas cuantas gotas. ¡GRAN COSA!

(*Le echan el segundo cubo de agua al VECINO*).

NOÉ: ¿Todavía crees que no habrá un diluvio?

VECINO (*terco*): La verdad es que nos vendría bien una tempestad.

NOÉ (*comienza a subir la escalera*): Bueno, debo subir a bordo.

VECINO: ¿Qué te pasa Noé? ¿Le tienes miedo a un poquito de agua?

NOÉ: ¿Un poquito? ¡Ya te llega a la cintura!

VECINO: Eso no significa nada. ¡Soy bajo de estatura! Además, esta calle no tiene buen alcantarillado.

NOÉ (*subiendo la escalera*): Bueno, ya todos los animales están a bordo. Creo que yo también debo entrar.

VECINO (*en pantomima hace como que salpica el agua*): Noé, no sabes de lo que te estás perdiendo. ¡Esto es fantástico! ¡Ojalá tuviera una tabla hawaiana! ¡Mira toda esta agua! ¡Eh, seguramente podría pescar! ¡Debería ir por mi bote! ¡Imagínate! ¡Pesca en alta mar en mi propio patio! Y se está poniendo más hondo cada minuto.

(*Nada un poco*) ¡Ay! Creo que me acabo de raspar la pierna con el techo de alguna casa. (*Un poco asustado*) ¡Noé!

NOÉ (*sentado en la parte más alta de la escalera*): Lo siento mucho, no quisiera ser descortés, pero ya tengo que cerrar la puerta.

VECINO: Bueno, compañero, de eso mismo te quería hablar. ¿Cuánto me costaría un camarote en ese barco tan fino, amigo mío?

NOÉ: Lo siento mucho, pero todos los cuartos están ocupados. Debiste haber hecho reservaciones.

VECINO: Bueno, mira, ¡no me molestaría compartir la habitación con los burros!

NOÉ: Claro, a ti no, pero tal vez a ELLOS sí.

VECINO: Bueno, ¿y qué tal si me alojo con las jirafas? A ellas no les molestará. Ya antes han arriesgado el "cuello" por mí.

NOÉ (*actúa como si fuera a cerrar la puerta*): De verdad que ya tengo que irme.

VECINO: ¡Noé, espera un momento! (*NOÉ se detiene*) No tienes que cerrar la puerta todavía. Digo, no tienes que zarpar a una hora determinada o algo por el estilo ¿no?

NOÉ: Por la manera en que estás pataleando en el agua, creo que sí. (*NOÉ actúa como si cerrara la puerta, después se voltea y se sienta en la escalera dando la espalda al vecino*).

VECINO: Está bien, Noé... es cierto que me reí de tu absurda arca. ¡Pero no tienes que tomarlo en forma tan personal! PERDÓNAME, ¿ESTÁ BIEN?... ¡Hombre, NO SEAS TAN SUSCEPTIBLE! (*Pausa*) ¡Oye, te pedí perdón! ¿Noé? ¡Vamos, amigo! Mira, cuando hablaste de un diluvio, creí que te referías a un diluvio. ¡No sabía que te referías a un DILUVIO! (*Actúa como si pataleara en el agua*) Además, ¿cómo iba a saber que tu Dios era tan bueno para pronosticar el estado climatológico? ¿Noé? Noé, ¿me escuchas? (*NOÉ no voltea*) Bueno, está bien... ¡Deja que me ahogue! ¡No me importa! (*Pausa*) ¿No me dejarías aquí para que me ahogue, verdad? ¿Noé? ¿Amigo? ¿Compadre?... ¡Seré tu mejor amigo! ¿Noé? (*Pausa*) ¡Está bien, reconozco que tuve mucho tiempo para subir a bordo, pero, la verdad es que tu historia es mucho más creíble ahora que estoy en el agua! ¡Noé! ¿Noé?... ¡Ah, no tiene caso! ¡No me puede escuchar! (*Mira a la izquierda, luego a la derecha, después grita con desesperación*) ¿Alguien ha visto al guardacostas? ∎

¿QUIÉN DIJO QUE LOS ANIMALES SON TONTOS?

La historia de Noé y el arca

• Comedia breve •

Personajes:

ANIMAL No. 1 (puede ser cualquier animal con pelo)

ANIMAL No. 2 (la misma clase que el ANIMAL No. 1)

(*La escena se inicia con ambos animales a salvo en el arca... pero ellos no están seguros de por qué están allí*).

ANIMAL No. 1: ¡Bueno, ahora sí que me has metido en un problema!

ANIMAL No. 2 (*a la defensiva*): ¿Que yo te metí? ¡Mira, yo no te dije que me siguieras!

ANIMAL No. 1: ¡Pero yo pensé que sabías a dónde ibas!

ANIMAL No. 2: ¡Yo nunca sé a dónde voy!

ANIMAL No. 1: ¡Eso no te lo discuto!

ANIMAL No. 2: Para que sepas... sólo seguí a esos dos elefantes que estaban frente a nosotros.

ANIMAL No. 1: ¿Te refieres a ESOS dos elefantes? (*señalando*)

ANIMAL No. 2: ¡Por supuesto que esos dos elefantes, cabeza hueca! ¿Acaso ves OTROS elefantes?

ANIMAL No. 1: No, sólo a esos dos. El resto de la manada era muy inteligente como para subirse a bordo de esta... esta... ¿qué es esta cosa, después de todo?

ANIMAL No. 2: Creo que el anciano la llama arca.

ANIMAL No. 1: Conque un arca, ¿eh?... ¿No pudo encontrar otro pasatiempo? Digo, esto podría resultar bastante caro después de un tiempo.

ANIMAL No. 2: Por casualidad oí a los elefantes decir que Dios le dijo que construyera esta arca.

ANIMAL No. 1: ¿Y por qué habría Dios de decirle a alguien que construyera un arca en medio del desierto?

ANIMAL No. 2: Dijeron que es porque va a llover.

ANIMAL No. 1: ¿Y acaso el anciano no podía conseguirse un impermeable como todos los demás?

ANIMAL No. 2: ¡Dijeron que lloverá MUCHO!

ANIMAL No. 1: Bueno, que se consiga botas también.

ANIMAL No. 2: Según los elefantes, el anciano cree que habrá un diluvio.

ANIMAL No. 1: Comprende, corazón, el anciano es un lunático, y entre más pronto nos bajemos de esta granja loca, mejor.

ANIMAL No. 2: Pero los elefantes...

ANIMAL No. 1 (*interrumpiendo*): ¡Ah, no puedes creer todo lo que diga un elefante! Es cierto que nunca olvidan nada, pero son ingenuos—muy ingenuos.

ANIMAL No. 2: Está bien, ¿y qué dices de todos los demás animales? ¡Sabes que hay dos de cada clase en esta arca! ¡Seguramente creen la historia del anciano!

ANIMAL No. 1: Ven aquí, quiero mostrarte algo. (*Camina hacia la venta imaginaria. Mira hacia afuera*) ¿Te parece que eso es lluvia? ¡No hay una sola nube en el cielo!

ANIMAL No. 2: Pero escuché al meteorólogo pronosticar cielo soleado. ¡Y sabes que eso SIEMPRE es señal segura de que lloverá!

ANIMAL No. 1: Sí, cariño, tienes razón. Pero, mira, ¡tendría que llover 40 días y 40 noches para que un barco de este tamaño flote!

ANIMAL No. 2: Quizá llueva así.

ANIMAL No. 1: ¡Por favor! (*Mira fuera de la ventana nuevamente*) No hay una sola nube en el... bueno, está bien. Allá lejos HAY una muy chiquitita. Pero ni siquiera está cerca.

ANIMAL No. 2: Bueno, todo lo que sé es lo que escuché decir a los elefantes.

ANIMAL No. 1: Probablemente no les entendiste bien. Ya sabes cómo son los elefantes —hablan por la nariz.

ANIMAL No. 2: Realmente no crees que lloverá, ¿verdad?

ANIMAL No. 1: ¿Cómo va a llover? Sólo hay (*mira hacia afuera de la ventana nuevamente*) cuatro o cinco nubes medianas en el cielo. Difícilmente llamaría a eso una tormenta.

ANIMAL No. 2: Bueno, de todos modos ya estamos aquí, así que es mejor que te tranquilices y lo disfrutes.

ANIMAL No. 1 (*mira hacia la audiencia*): Tengo que permanecer en este barco, en medio del desierto, y ella quiere que lo disfrute. ¡He escuchado de cruceros baratos, pero esto es ridículo!

ANIMAL No. 2 (*saca una mano por la ventana*): Está empezando a lloviznar.

ANIMAL No. 1 (*mira hacia afuera por la ventana*): ¡Gran cosa! ¿Qué vamos a hacer? ¿Navegar en un charco?

ANIMAL No. 2: ¡Bueno, no creo que tengamos que preocuparnos por eso! (*Señala al cielo*) ¡Mira esas nubes!

ANIMAL No. 1: ¿Y qué? ¡No está lloviendo lo suficiente ni para lavar el aserrín de las sandalias del anciano!

ANIMAL No. 2: ¡Ahora sí llueve lo suficiente! ¡Está lloviendo a cántaros!

ANIMAL No. 1 (*mira nuevamente por la ventana*): Bueno, está empezando a llover bastante fuerte. ¡Pero aún no estamos flotando hacia el mar!

ANIMAL No. 2: Mira, si eres tan incrédulo, ¿por qué no haces compañía a todos los que están abajo riéndose del anciano y su ridículo barco? Después de todo, nadie te está forzando a que te quedes a bordo. ¡Anda, salta! ¡Yo puedo quedarme sola el resto del crucero!

ANIMAL No. 1: ¡Bueno, no hay necesidad de apresurarse! Además, mi piel se encoge cuando se moja.

ANIMAL No. 2: ¿Por qué no lo admites? Estás contento de que el anciano haya obedecido a Dios y haya construido esta arca.

ANIMAL No. 1: Bueno, REALMENTE nos está manteniendo secos.

ANIMAL No. 2: ¿Sabes? Tuvo mucho valor para construir esta arca. Y mucha fe.

ANIMAL No. 1: ¡Sí que tuvo valor!

ANIMAL No. 2: Porque la verdad es que esas personas sí que lo molestaron.

ANIMAL No. 1: Tal vez él es medio sordo y no oía a toda esa gente riéndose de él.

ANIMAL No. 2: No, él los escuchó. Sólo que no permitió que las burlas le impidieran obedecer a Dios. (*Se sujeta del barandal imaginario*) ¡Oye, creo que nos comenzamos a mover!

ANIMAL No. 1: Tienes razón. (*Parece un poco mareado*) ¡Ay, sí que tienes razón!

ANIMAL No. 2: ¿Ves? El anciano sabía por qué lo decía, ¿verdad?

ANIMAL No. 1: Nunca dudé de él, ni por un instante.

ANIMAL No. 2: ¡¡¿Qué?!!

ANIMAL No. 1: ¿Ves? ¿No estás contenta de haberme seguido al arca?

ANIMAL No. 2: ¿Que yo te seguí a TI? ¿Acaso no fue al revés?

ANIMAL No. 1: Está bien, tú me seguiste a mí. ¿Te parece bien así?

ANIMAL No. 2: Sí... creo. (*Se muestra confundida*) Bueno, ¡qué importa! Realmente eso no tiene importancia mientras los dos estemos a salvo. Eso es lo importante.

ANIMAL No. 1: ¿Sabes qué es lo que realmente me desconcierta?

ANIMAL No. 2: ¿Qué cosa?

ANIMAL No. 1: Bueno, aparte de la familia del anciano, el resto de los pasajeros a bordo son animales.

ANIMAL No. 2: Sí, ¿y qué?

ANIMAL No. 1: Bueno, si se supone que los humanos son tan inteligentes, ¿por qué no hay más a bordo? Porque fíjate, ¡somos la mayoría!

ANIMAL No. 2: ¿Sabes? ¡Tienes razón!

ANIMAL No. 1: ¡Y pensar que a NOSOTROS nos llaman animales tontos!

ANIMAL No. 2: ¡Sí! (*se ríe sarcásticamente*) ¡Por lo menos nosotros sí sabemos cuándo protegernos de un aguacero! ■

Una lección de cómo hablar en público

La historia de Moisés

• Monólogo cómico •

Personaje:

MOISÉS

(MOISÉS ha recibido la misión de ir a Egipto para hablar con el faraón. Aparece con su cayado en la mano).

Bueno, Señor, deja ver si entendí bien... Quieres que me presente ante el faraón y lo convenza de que deje en libertad a tu pueblo. ¿Así nada más? ¿Yo? ¿Moisés, el que reprobó la clase de oratoria en la secundaria? ¿Quieres que YO vaya a hablar con el faraón?

¿Por qué no puede ir mi hermano Aarón? ¡El estaba en el equipo de debate! ¡Mándalo a él!

¿Qué dices?... Que él PUEDE ir, ¿pero que a mí me escogiste para la tarea?

Bueno, no lo tomes a mal, Señor. Es un honor... y realmente aprecio tu confianza en mí. Sólo que no sé si podré cumplir la tarea. Es que, ¿y si el faraón no QUIERE dejar libre a tu pueblo? ¿Entonces qué pasará? ¿Has pensado en eso? Después de todo, el faraón no es la persona más cooperadora del mundo, tú sabes. ¡Es más, a veces se pone de muy mal humor! ¡La última persona a la que se le ocurrió desearle un buen día, ahora está sacudiendo el polvo de las pirámides del desierto!

¿Cómo? ¿Dices que ya lo arreglaste todo?... Bueno, siempre y cuando sepas que Tú eres... ¿Qué? Ah, ¿esto? *(Mira su cayado)*... Es mi cayado de pastor. Sí, está bastante gastado. Ya pedí uno nuevo, pero se están tardando mucho en enviármelo. ¿Qué dices? ¿Quieres que lo tire al piso?... Está bien, pero te digo que el nuevo aún no llega. *(Tira el cayado)*... ¿Cómo? ¿Quieres que lo recoja otra vez?... Pero, no entiendo, ¿por qué querías que lo...? *(Se inclina a recoger el bastón)* ¡AY! *(Da un salto hacia atrás con temor y asombro)* ¿Cómo hiciste eso?... ¿Cómo que QUÉ? ¡Eso! *(Señala el cayado en el piso)* ¡Convertiste mi cayado en serpiente! *(Alejándose del cayado)* ¡Señor, tú sabes que no soporto las serpientes!

¿Qué? ¿Quieres que la TOME de la COLA?... ¡Estás bromeando!... ¿No estás bromeando?... ¿De la cola, eh? O sea, ¿ESA cola? *(Señala)* ¿La que está a punto de enrollarse en mi pierna izquierda?... Sólo la agarro de la cola, ¿eh?... Está bien, lo haré. (*Mira hacia arriba, dudoso*) Supongo que no aceptarías que deje caer primero una roca grande sobre su cabeza, ¿no? (*Respira profundamente*) Bueno, está bien. Creo que estoy listo... sólo deja que me acerque un poquito más, después la tomaré de la cola como me indicaste. (*Acercándose con cuidado*) Después de todo, tú eres más poderoso que esta pequeña... (*toma el cayado*)... ¿vara? (*Mira su cayado con asombro*) ¡Convertiste a la serpiente en cayado nuevamente!

¡Me has impresionado! ¡Entonces, así es como convencerás al faraón de que deje en libertad a tu pueblo! (*Mueve su cabeza en forma afirmativa*) Creo que resultará.

¿Cómo? Dices que aún hay más? ¿Quieres decir que si el faraón no coopera, tienes otras maneras de convencerlo?... ¡Qué bueno que estoy de tu lado!

Bueno, sí, supongo que eso significa que lo haré... Después de todo, si tú tienes tanta fe en mí, ¿cómo podría ser la mía menor?

Sí, iré... ¡y juntos pondremos al faraón de rodillas! ¡Seré el MEJOR orador que hayas tenido!... ¡Y lo haré aun sin apuntes! ∎

LA BATALLA MÁS INCREÍBLE

La historia de Gedeón

• Comedia breve •

Personajes:

REPORTERO MOSHAM (Reportero de investigaciones)

GEDEÓN

HOMBRE

(*La escena se inicia con el REPORTERO MOSHAM tratando de descifrar lo que acaba de acontecer en el campamento de Madián*).

REPORTERO (*con un micrófono en la mano y dirigiéndose a la audiencia*): Les habla el reportero Mosham, informándoles en vivo desde el campamento de Madián, donde acaba de librarse la batalla más increíble. ¡Un pequeño ejército israelita derrotó a los poderosos madianitas! Repito, ¡los madianitas acaban de ser derrotados por lo que aparentemente era sólo un puñado de soldados israelitas!... Sólo hay una palabra para describirlo, ¡INCREÍBLE!

(*Un hombre pasa a su lado*) Disculpe, señor, ¿podría decirnos en sus propias palabras lo que acaba de suceder esta noche aquí?

HOMBRE (*todavía asombrado*): ¡Increíble!

REPORTERO: ¡Lo acaban de escuchar ustedes mismos! Dije que sólo había una palabra para describir esta batalla, y esa palabra es... (*acercando el micrófono al hombre*)...

HOMBRE: ... ¡Increíble!

REPORTERO (*dirigiéndose a la audiencia*): Veamos si podemos obtener más detalles sobre esta increíble batalla. Quédense con nosotros mientras tratamos de entrevistar al líder de este ejército israelita... bueno, si podemos localizarlo. ¡Hoy hay tanta gente aquí! Han llegado personas de todas partes sólo para ver el campamento de Madián abandonado. (*Va pasando GEDEÓN*) Disculpe, señor.

GEDEÓN (*se detiene y voltea*): ¿Sí?

REPORTERO: ¿Me podría decir quién fue el líder del ataque de esta noche?

GEDEÓN: Dios.

REPORTERO: ¿Dios?

GEDEÓN: Así es.

REPORTERO (*titubea por un momento*): Bueno, entonces... ¿quién fue el segundo al mando?

GEDEÓN: Supongo que ese sería yo.

REPORTERO: ¿Y usted es...?

GEDEÓN: Gedeón.

REPORTERO: ¿Así que, Gedeón?

GEDEÓN: Sí.

REPORTERO: ¿Le molesta si lo llamo Gede para hacerlo más corto? (*GEDEÓN lo mira extrañado. El REPORTERO aclara la voz. Después procede cauteloso*) Bueno, Gedeón... Supongo que está bastante sorprendido por lo que sucedió aquí esta noche, ¿no?

GEDEÓN: Realmente, no. Yo ESPERABA ganar.

REPORTERO: ¿ESPERABA vencer a los madianitas?

GEDEÓN: Claro.

REPORTERO: ¡Pero, ellos tenían cientos de miles de soldados en su ejército! ¿Y, cuántos dijo que tenía usted?

GEDEÓN: No lo dije.

REPORTERO: Bueno, alguien dijo que usted tenía sólo 300.

GEDEÓN: Pues, se equivocaron.

REPORTERO: Entonces, ¿tenía más de 300 en su ejército?

GEDEÓN: Teníamos 301, contando a Dios.

REPORTERO: Pero, ¿qué le hizo tomar la decisión de enfrentarse a los madianitas con un ejército tan pequeño?

GEDEÓN: Dios estaba de nuestro lado.

REPORTERO: ¡Pero sólo tenía 300 hombres!

GEDEÓN: Puede ser que fuéramos pocos, ¡pero éramos mucho más poderosos!

REPORTERO: ¿Quiere decir que tenía armamento más sofisticado?

GEDEÓN: ¡Claro! Teníamos una trompeta, un cántaro y una antorcha para cada hombre.

REPORTERO: ¿Una trompeta, un cántaro y una antorcha para cada hombre?

GEDEÓN: Sí.

REPORTERO: Pero no se puede matar a nadie con una trompeta.

GEDEÓN: ¿Alguna vez me ha escuchado tocarla?

REPORTERO: Bueno, ¿y para qué eran los cántaros y las antorchas encendidas? ¿Para un café caliente?

GEDEÓN: Dios guió a nuestro ejército y esas fueron las armas que El escogió.

REPORTERO: En lo personal, creo que yo hubiera desertado del ejército.

GEDEÓN: Pero, nosotros ganamos, ¿no?... ¿Sabe? ¡Al principio teníamos 32,000 hombres!

REPORTERO: Sí, es lo que escuché. ¿Qué pasó?

GEDEÓN: No los necesitábamos, así que los envié a sus casas.

REPORTERO: ¿Envió 31,700 hombres a sus casas?

GEDEÓN: ¡No sea ridículo! Sólo envié 22,000 hombres a sus casas, al principio.

REPORTERO: Pero los madianitas sobrepasaban los 32,000 hombres. ¿Por qué habría de enviar a CUALQUIERA de los hombres a su casa?

GEDEÓN: Porque Dios así me lo indicó.

REPORTERO: ¿Le dijo: "Envía 22,000 hombres a sus casas"?

GEDEÓN: No, dijo que dejara ir a su casa a todo el que temiera.

REPORTERO: ¿Y fueron más de dos tercios de su ejército?

GEDEÓN: Supongo.

REPORTERO: ¡Vaya ejército!

GEDEÓN: Ganamos, ¿no?

REPORTERO: Bueno, sí. Pero le quedaron 10,000 hombres. ¿Que pasó con los otros 9,700?

GEDEÓN: Bajaron la cabeza cuando tomaban agua.

REPORTERO: ¿Los envió a su casa por tener malos modales?

GEDEÓN: No. Mire, había un arroyo y Dios me dijo que observara a los hombres mientras tomaban agua. Los que tomaran de su mano, manteniendo la vista alerta, serían mi ejército. Los demás debían ser enviados a su casa.

REPORTERO: Gedeón, ¡usted sí que tuvo una extraña manera de reclutar!

GEDEÓN: Solamente seguí las órdenes.

REPORTERO: Bueno, después de las eliminaciones del arroyo, le quedaron sólo 300 hombres?

GEDEÓN: ¡Ustedes los reporteros son tan pesimistas! Todavía me quedaba un ejército pequeño. Pero, bueno, ¿por qué vemos el lado negativo todo el tiempo?

REPORTERO: Pero, 300 hombres contra más de 32,000 madianitas... ¡No tenían ninguna posibilidad de ganar!

GEDEÓN: ¡No, no, no! ¡Usted no me ha entendido! Fue al revés.

REPORTERO: ¿Qué?

GEDEÓN: ¡Eran más de 32,000 pobres madianitas contra el gran ejército de Dios! Eran los pobres madianitas los que no tenían ninguna posibilidad de vencer.

REPORTERO: Bueno, por lo que podemos ver en este campamento, y los rostros de los madianitas cuando pasaban corriendo por mi lado hacia el Jordán, tengo que admitir que tiene mucha razón, Gedeón. Pero, dígame, ¿para qué utilizaron las trompetas, los cántaros y las antorchas?

GEDEÓN: Está bien, le diré cómo lo hicimos... Primero, dividí mi ejército en tres grupos.

REPORTERO: Cien en cada grupo, ¿verdad?

GEDEÓN: ¡Adivinó! Después di a cada hombre una trompeta, un cántaro y una antorcha.

REPORTERO: Qué raro, pero siga.

GEDEÓN: Después todos encendimos nuestras antorchas y las cubrimos con los cántaros.

REPORTERO (*hacia la audiencia*): ¡He escuchado algunas extrañas historias de guerra en mi vida, pero creo que esta ganaría el Premio Pulitzer!

GEDEÓN: ¿Quiere escuchar la historia o no?

REPORTERO: ¡Está bien! ¡Guardaré silencio!

GEDEÓN: Bueno, durante la noche bajamos cautelosamente de la montaña hacia el campamento de Madián, y cada grupo ocupó su lugar a los lados del campamento.

REPORTERO (*sarcástico*): ¿Los 300?

GEDEÓN: Dijo que guardaría silencio.

REPORTERO: Está bien, ¿qué pasó después?

GEDEÓN: Toqué mi trompeta muy fuerte...

REPORTERO: ¿Y entonces fue cuando los madianitas salieron corriendo?

GEDEÓN (*indignado*): ¡Yo no toco TAN mal!... No, lo que pasó fue esto: después de tocar la trompeta, golpeé el cántaro contra una piedra para romperlo y para que la antorcha brillara en medio de la oscuridad. Después todos los demás hicieron lo mismo con sus trompetas y cántaros.

REPORTERO: ¿Y los madianitas se rindieron?

GEDEÓN: Todavía no. Después todos gritamos: "¡POR LA ESPADA DE JEHOVÁ Y DE GEDEÓN!"

REPORTERO: ¿Y ENTONCES los madianitas se rindieron?

GEDEÓN: ¡No sólo se rindieron! ¡Salieron corriendo para todos lados!

REPORTERO: Creyeron que estaban rodeados y que no tendrían posibilidad de ganar, ¿eh?

GEDEÓN: Así es.

REPORTERO: Esa fue una buena estrategia después de todo.

GEDEÓN: Bueno, si aprendí algo de todo esto, es que si Dios está de nuestro lado... ¡nunca pueden superarnos en número! ∎

¡Abajo Jericó!

La historia de Josué y la batalla de Jericó

• Comedia breve •

Personajes:

HOMBRE DE JERICÓ

VISITANTE

(La escena comienza con el HOMBRE DE JERICÓ mirando una pared imaginaria, la cual, más temprano ese día, se había —digamos— derrumbado. El VISITANTE se acerca).

VISITANTE: ¡Qué barbaridad! ¿Qué pasó aquí?

HOMBRE DE JERICÓ *(sin voltear a verlo)*: No quiero hablar de eso.

VISITANTE: ¿Se cayó la muralla?

HOMBRE DE JERICÓ *(sarcástico)*: No, sólo está acostada, descansando.

VISITANTE *(viendo los daños)*: Y, ¿cómo pasó?

HOMBRE DE JERICÓ: ¡Dije que no quiero hablar de eso!

VISITANTE: ¡Como guste!

HOMBRE DE JERICÓ *(caminando nervioso de un lado a otro)*: ¿Se da cuenta de lo que va a costar reconstruir esto?

VISITANTE: ¿Rodea toda la ciudad?

HOMBRE DE JERICÓ: ¡Toda la ciudad!

VISITANTE: Nada.

HOMBRE DE JERICÓ *(confundido)*: ¿Qué quiere decir con, nada?

VISITANTE: No podrán reconstruir. Todos los albañiles están en huelga.

HOMBRE DE JERICÓ *(sarcástico)*: Magnífico.

VISITANTE: Aún no me ha dicho qué fue lo que pasó.

HOMBRE DE JERICÓ: ¿Realmente quiere saberlo?

VISITANTE: Seguro que sí.

HOMBRE DE JERICÓ: No va a creerlo.

VISITANTE: Inténtelo.

HOMBRE DE JERICÓ: Está bien, pero no diga que no se lo advertí... Verá, era un día normal en Jericó... no había mucha actividad. Por supuesto que NUNCA hay mucha actividad en Jericó. ¡Se podría decir que somos una ciudad de paso a Canaán! En fin, hace casi siete días un hombre llamado Josué y su ejército comenzaron a caminar alrededor de nuestra ciudad.

VISITANTE: ¿Caminar alrededor?

HOMBRE DE JERICÓ (*afirmando con la cabeza*): Caminar alrededor. ¡Una vez al día, por seis días!

VISITANTE (*confundido*): ¿No atacaron?

HOMBRE DE JERICÓ: Así es.

VISITANTE: Eso es un poco raro, ¿no?

HOMBRE DE JERICÓ: Eso fue lo que pensé. Pero cuando traté de alertar a los demás, dijeron que yo estaba exagerando.

VISITANTE (*con interés*): Y entonces, ¿qué sucedió?

HOMBRE DE JERICÓ: Bueno, esto siguió por seis días.

VISITANTE: ¿Sí...?

HOMBRE DE JERICÓ: ¡Pero esta mañana hicieron algo diferente!

VISITANTE: ¿Qué?

HOMBRE DE JERICÓ: ¡No sólo rodearon la ciudad una vez!

VISITANTE: ¿No?

HOMBRE DE JERICÓ: ¡No sólo rodearon la ciudad DOS veces!

VISITANTE: ¿No?

HOMBRE DE JERICÓ: ¡La rodearon SIETE veces! Entonces fue cuando ESTUVE SEGURO de que algo estaban tramando. NUNCA habíamos visto a ningún ejército rodear así nuestras murallas SIETE veces... Por supuesto, con excepción de aquel ejército de Og —pero ellos habían peleado en demasiadas batallas sin usar cascos... usted me comprende.

VISITANTE (*afirma con la cabeza*): He escuchado acerca de ellos.

HOMBRE DE JERICÓ: Bueno, después de que el tal Josué y su ejército marcharon alrededor de nuestra muralla por séptima vez, siete sacerdotes sacaron sus bocinas de cuerno de carnero y comenzaron a tocarlas fuertemente.

VISITANTE: ¿Y qué hizo usted?

HOMBRE DE JERICÓ: ¡Me cubrí los oídos, por supuesto! ¡No me gusta la música pesada!

VISITANTE: Bueno, ¿y después qué pasó?

HOMBRE DE JERICÓ: ¡Tocaron esos cuernos y todo el ejército dio un fuerte grito... y de pronto, estábamos al aire libre!

VISITANTE (*mirando las ruinas*): ¿Pero cómo derrumbaron los muros?

HOMBRE DE JERICÓ: Yo qué sé. ¡Hemos tenido terremotos que no causaron tanto daño como esto!

VISITANTE: Bueno, tuvo que haber algún truco detrás de todo esto. Usted sabe que las paredes no se caen solas.

HOMBRE DE JERICÓ: ¡Pero yo los vi! ¡Nunca pusieron una mano sobre ellas!

VISITANTE: Entonces, ¿qué explicación puede dar?

HOMBRE DE JERICÓ: Bueno, escuché a uno de sus hombres decir que el responsable de esto había sido su Dios.

VISITANTE: ¿Su Dios?

HOMBRE DE JERICÓ: Así es.

VISITANTE: ¿Será que a El no le gustan los muros?

HOMBRE DE JERICÓ: Aparentemente no le gustaban los nuestros.

VISITANTE: Entonces, ¿qué hicieron ese hombre Josué y su ejército?

HOMBRE DE JERICÓ: Pues, entraron y mataron a todas las personas de Jericó.

VISITANTE: Pero usted escapó.

HOMBRE DE JERICÓ: Bueno, verá, yo realmente no vivo EN Jericó... Pero allí hacía todas mis compras.

VISITANTE: Supongo que ya no las hará allí.

HOMBRE DE JERICÓ: ¿Se da cuenta? Llevó años construir este muro, y el Dios de Josué lo derrumbó con el sonido de una trompeta y un grito!

VISITANTE: ¡Realmente no me gustaría pelear contra un Dios como El!

HOMBRE DE JERICÓ (*afirmando con la cabeza*): ¡Estoy de acuerdo! ¡Les dije que hubiera sido mejor seguir luchando contra ese ejército de Og! ∎

CORTA UN POCO DE LOS LADOS

La historia de Sansón y Dalila

• Comedia breve •

Personajes:

SANSÓN

DALILA

Accesorios:

Un par de tijeras grandes para papel que Dalila lleva escondidas

Sofá

(*La escena comienza con SANSÓN y DALILA sentados en el sofá. DALILA simula timidez*).

DALILA: Sansón (*acercándose cariñosamente a él*)... ¿cuál es el secreto de tu fuerza?

SANSÓN: Quieres decir, ¿aparte de la avena?

DALILA (*alejándose nuevamente*): ¡Vamos, Sans! ¡Hablo en serio! (*Acercándose*) Eres un hombre tan FUERTE... (*parpadea coquetamente*) ¡y a MÍ ME ENCANTAN LOS HOMBRES FUERTES!

SANSÓN: ¡Dalila... a ti te encanta CUALQUIER clase de hombre!

DALILA (*piensa por un momento*): Bueno, sí, es cierto. Pero, más los hombres FUERTES. (*Lo abraza*) ¿Entonces, cuál es el secreto? ¿Dieta? ¿Ejercicio? ¿Qué ES lo que te hace tan... (*toca los músculos de su brazo*)... tan FUERTE?

SANSÓN: Mi fuerza viene de Dios.

DALILA (*sin darle mayor importancia*): Sí, sí, eso ya lo sé. Ya me has dicho eso MUCHAS, MUCHAS, MUCHAS veces. (*Ansiosa*) ¡Pero tiene que haber algo más que eso, Sansoncito, mi amor!... Después de todo, nadie es tan fuerte como TÚ.

SANSÓN (*sonríe tímidamente*): Sí, lo sé.

DALILA (*con determinación*): Dime, ¿cuál es el secreto? (*Rápidamente suaviza su tono de voz*) Digo, ¿qué es lo que te hace un hombre tan, tan fuerte? (*Simulando timidez*) Vamos, puedes confiar tu secreto a la pequeña Dalila.

SANSÓN: No, no puedo Dalila. Mira, si te lo digo a ti, luego se lo dirías a tu madre y ella lo diría a sus amigas... y antes de lo que te imaginas, ¡todo el mundo lo sabría!

DALILA (*se pone de pie, emocionada*): ¡Entonces, sí EXISTE un secreto para tu extraordinaria fuerza!

SANSÓN: Y seguirá siendo secreto (*apretando los dientes*)... mi amor.

DALILA (*haciendo pucheros*): Entonces, Sansis, realmente lo que me estás diciendo es que no me quieres.

SANSÓN: ¡Bueno, yo no dije eso!

DALILA: Si me quisieras, no tendrías secretos conmigo.

SANSÓN: Bueno, este es un secreto que no le puedo decir a NADIE... ni siquiera a ti, Dalila.

DALILA (*se sienta otra vez a su lado, parpadeando coquetamente*): ¿Ni siquiera a mí?

SANSÓN (*enfático*): ¡Ni siquiera a ti!... Mira, Dalila, Dios me ha bendecido con esta fabulosa fuerza, y... si te dijera mi secreto, entonces estaría fallándole a Dios.

DALILA (*con indiferencia*): ¿Y?

SANSÓN: No puedo hacer eso. Dios me ha dado esta fuerza con un propósito especial.

DALILA (*se pone de pie y se aleja de él*): ¡Existen maneras en las que puedo descubrir tu secreto!

SANSÓN (*molesto*): ¡Olvídate de eso, Lila!

DALILA (*da vuelta y camina hacia él nuevamente*): ¡No puedo olvidarlo, Sansón! ¡En toda mi vida nadie me ha confiado sus secretos!

SANSÓN: Bueno, ¿y eso no te dice algo, Reina del Chisme?

DALILA (*de manera defensiva*): ¿A quién estás llamando Reina del Chisme? ¡YO PUEDO GUARDAR UN SECRETO!

SANSÓN: ¡NO ME DIGAS! ¡Si Dios quisiera enviar un mensaje a todo el mundo, todo lo que tendría que hacer sería susurrártelo al oído y pedirte que no lo cuentes a nadie!

DALILA (*ofendida*): ¿Insinúas que tengo una lengua muy larga?

SANSÓN (*se pone de pie y camina hacia ella; le toca los labios románticamente*): Dalila, tienes una boca encantadora. (*La mira profundamente a los ojos*) Es como una flor hermosa y fragante... ¡QUE NUNCA SE CIERRA!

DALILA (*se aleja*): ¡Es el colmo! ¡Me voy!

SANSÓN (*la toma de la mano y le hace retroceder*): Mira, Dalila... ¡No es tan importante! Todo lo que necesitas saber es que soy el hombre más fuerte del mundo... ¡y que te quiero! ¿No es suficiente?

DALILA (*piensa por un momento*): ¡No!... ¡Tengo que saber tu secreto!

SANSÓN: Bueno, ¿cómo sé que puedo confiar en ti?

DALILA (*levanta la mano derecha*): Prometo que no le diré a nadie... (*breve pausa*) ¡y mi mamá tampoco dirá nada!

SANSÓN (*enojado*): ¡Admítelo, Dalila! ¡No puedes guardar un secreto!

DALILA (*haciendo pucheros*): Bueno, ya veo que no me quieres. ¡Así que, adiós!

SANSÓN (*con sinceridad*): Te quiero.

DALILA: No, no me quieres.

SANSÓN: Te digo que sí.

DALILA: Y yo digo que no.

SANSÓN (*con precaución*): Está bien, si te digo mi secreto, ¿prometes que te casarás conmigo?

DALILA (*un poco indecisa*): Ese es el trato, ¿eh?

SANSÓN: Me quieres, ¿no?

DALILA: Ah, sí... ¡no es eso! Es que, bueno... tenía una cita con alguien hoy por la noche.

SANSÓN: Entonces, creo que nunca sabrás mi secreto.

DALILA: Bueno, está bien... cancelaré mi cita y nos casaremos. (*Muy ansiosa*) ¡¿Y, CUÁL ES TU SECRETO?!... (*suavizando su tono de voz*)... ¿mi amor?

SANSÓN: Es mi cabello.

DALILA (*no se da cuenta de que le acaba de decir su secreto*): Lo sé. He estado tratando de hablarte sobre eso. ¿Acaso nunca te cortas el cabello?

SANSÓN: Mi cabello es el secreto de mi fuerza.

DALILA: ¿Tu cabello?

SANSÓN: Sí. Cuando yo era niño, Dios le dijo a mi madre que nunca dejara que una navaja pasara por mi cabeza. Y ella obedeció.

DALILA (*acariciando su largo cabello*): Creí que sólo tratabas de verte muy moderno o algo parecido.

SANSÓN: Bueno, ahora que ya sabes mi secreto, ¿podemos comprar las invitaciones para la boda?

DALILA: Seguro, pero primero, queridito, ¡te daré un corte de pelo más decente! (*Saca unas tijeras de papel gigantes y corre tras él hasta salir del escenario*). ■

GOLIAT — EL GIGANTE DE FILISTEA

La historia de David y Goliat

• Monólogo cómico •

Personaje:

GOLIAT (más grande, feo y malo que un gigante común)

(*La escena comienza con GOLIAT caminando de un lado a otro en el escenario. Se mueve ágilmente y de vez en cuando practica dando puñetazos al aire*).

Muy bien, ¿quién será el próximo? Estoy listo para pelear, sí señor... ¡listo para pelear! ¿Bueno, quién será el próximo? (*Dirigiéndose al público sin mirar a nadie en particular*) ¡Tú! Tú pareces un buen retador. ¿Por qué no te paras y dejas que te vea? ¡Vamos, date prisa!... (*Avergonzado*) Ah, ¡ya estás parado!

Bueno, entonces tú, el del bigote. (*Se avergüenza*) ¡Ay, perdón, señora! (*Comienza a caminar impacientemente*) Bueno, vamos, ¿quién será el próximo? Estoy listo para pelear... y estoy violento y malo, ¡MUY MALO! ¡Mándenme a su hombre más fuerte! ¡Lo mandaré directo al piso! ¡Luego lo haré pedazos! ¡Le arrancaré la lengua y se la daré a los cuervos!... ¡No es nada personal, comprendan!

Bueno, ¿quién es lo suficientemente valiente como para entrar al cuadrilátero conmigo, eh? (*Lanza unos golpes de práctica*) Sólo imaginen la historia que su viuda podría contar a sus hijos... ¡y éstos podrían contarla a sus hijos... y los hijos de éstos la contarían a sus hijos! Así la historia de su valentía vivirá por muchos años. Desafortunadamente, ustedes no vivirán. Pero, en fin, ¡es un precio barato que pagar por lograr la fama!

Vamos, ¿qué esperan? Es más, pelearé con una mano atada a mi espalda... pelearé con los ojos vendados... pelearé... (*Mira hacia el costado del escenario, molesto; después mira al público*) Discúlpenme. (*Mira nuevamente al costado del escenario como si estuviera hablándole a alguien*) Oye, niño, ¡bájate del escenario! ¡Yo estoy hablando aquí!... ¿Qué?... ¿Dices que quieres pelear conmigo? (*Se ríe*) ¡Sí, claro! (*Sarcástico*) ¡Te pondré en la lista para pelear un asalto dentro de 10 años! ¡Ahora esfúmate, niño! ¡Yo soy el centro de atención aquí!

(*Mira hacia el público*) Eh, ¿qué les estaba diciendo? (*Breve pausa*) Ah, sí, mándenme a su hombre más grande, más fuerte, más malo... más...

(*Mira hacia el costado del escenario otra vez; ahora sí está muy molesto*) Niño, ¿qué quieres ahora? (*Breve pausa*) ¡Ya sé que quieres pelear conmigo! TE DIJE, regresa cuando ya tengas todos tus dientes permanentes, ¡y con gusto te los sacaré a golpes!... ¡Ahora, desaparece! (*Hacia la audiencia*) Persistente el mocoso —Digo (*sonriendo*), el niño, ¿verdad?

Pero no perdamos nuestro tiempo con él. Tenemos cosas más importantes de qué ocuparnos... Entonces, veamos, ¿cuál de ustedes se siente con el valor suficiente para desafiarme? ¿Eh? (*Mira alrededor impacientemente*) ¡Bueno, tampoco vengan todos corriendo al mismo tiempo!

¿Quién? ¿David? (*Emocionado*) ¡Bueno, está bien! ¡MÁNDENLO AQUÍ ARRIBA! (*Mira a la audiencia*) ¿Y? ¿Dónde está? (*Hace una pausa*) ¿Qué quieren decir con que ya está aquí arriba?

(*Mira hacia el costado del escenario nuevamente, pero esta vez GOLIAT está más enojado*) ¡Oye, niño! ¡Estás empezando a colmarme la paciencia! Dije que te bajaras del escenario, así que ¡ESFÚMATE! Habrá una pelea aquí y no quisiera que te lastimaras. (*Pausa*) Ah, ¿quieres saber quiénes van a pelear?... Pues, yo y un tipo llamado David. (*Pausa*) Ah, ¿tu nombre es David también, eh? (*Sarcástico*) Bueno, escucha David, ¡creo que acabo de escuchar a tu mamá llamándote!

¿Qué?... ¿Dices que TÚ ERES el David que peleará contra mí? (*Ríe histéricamente*) ¡DEBES ESTAR SOÑANDO, NIÑO!... ¡Mira, soy un gigante! ¡Los gigantes no pelean contra pequeñuelos!... Es por aquella antigua regla de escoger a alguien de tu tamaño. Después de todo, ¡tenemos cierta ética!

(*Hacia la audiencia*) ¡Israel! ¿Es esto lo mejor que pudieron mandarme? ¡ME INSULTAN!... ¡Llévense al niño a su casa! ¡Es hora de su siesta! (*Otra vez mira hacia el costado del escenario*) Oye, ¿qué es lo que tienes en la mano?... Ah, una honda, ¿eh? (*Riéndose se dirige a la audiencia*) ¡Un gigante peleando contra un niño que tiene una honda! ¡Caramba! ¡Este cuento está bueno para los libros de historia!

(*Hacia el costado del escenario*) Bien, niño, ¡se acabó la broma! Toma tu honda y vete a casa. No tienes ni la menor posibilidad de vencerme.

¿Qué cosa? ¿Dices que no estás peleando solo?... ¿Que tu Dios está contigo? (*Se ríe*) ¿También El trajo una honda? (*Se ríe nuevamente*) Mira, por qué no se van tú y tu Dios a lanzar piedritas al río y dejan que alguien con armas adecuadas sea quien intente matar a este gigante! ¡Así que, retírate! ¡Corre a casa, pequeñuelo!

¡OYE! ¡Ten cuidado al darle vueltas a esa cosa! ¡Puedes lastimar a alguien!... ¡DIJE QUE GUARDES ESA COSA!... ¿ME ESCUCHASTE? (*Retrocede*) ¡Aaaaayyyyy! ¡Mira lo que has hecho! ¡Me pegaste justo en la frente! (*Tropezando*) ¡Y, aaaaayyyyy, qué dolor de cabeza! (*Apenas puede mantenerse de pie*) Oye, tú y tu Dios forman un buen equipo. (*A punto de caerse*) ¡Sólo te pido un favor!... La próxima vez que los vea a ustedes dos juntos, recuérdame que debo pelear contra alguien de MI tamaño! (*GOLIAT cae al piso*). ■

Un problema enorme

La historia de Jonás

• Monólogo cómico •

Personaje:

JONÁS

(*La escena se lleva a cabo dentro del estómago de una ballena —imaginaria, por supuesto*).

(*Usando las manos como altavoz*) ¡Eh! ¿Hay alguien que pueda escucharme? ¡Hola! ¿Hay alguien allá afuera?

(*Disgustado*) ¡Ah, no tiene caso! No hay nadie a varios kilómetros a la redonda. Y aunque pudieran escucharme, probablemente pensarían que es la ballena... ¿¿¿Y quién hace caso a las ballenas???

(*Mirando alrededor*) ¡Vaya! ¡Qué desagradable! ¡Este tipo ni siquiera mastica su comida!... ¡Y no se diga nada de su MAL ALIENTO! Con razón viajaba solo. (*Mira alrededor nuevamente; actúa como si hubiera descubierto algo*) ¡Ah! ¡Tal y como pensaba! Este tipo cenó camarones con salsa de ajo. ¡Aún puedo oler el ajo!... Ahora sé cómo se siente mi estómago cada vez que como algo muy condimentado.

(*Mira hacia arriba con repugnancia*) ¡Ay, no! ¡Otra vez! (*Se agacha*) ¡Lo único que hace este tipo es comer! (*Pone las manos como altavoz y grita hacia arriba*) ¡Oye, amigo, ya no hay lugar aquí abajo! (*Se sacude la ropa*) ¿Acaso no ha escuchado hablar de dietas saludables? (*Trata de levantar una pierna para caminar pero no la puede mover*) ¡Aaaggg, goma de mascar!... ¿Acaso tu mamá nunca te enseñó que la goma de mascar NO se debe tragar? (*Con un poco de esfuerzo libera su pie, disgustado*) ¡Es el colmo! ¡Me voy de aquí! Sólo tengo que planear mi escape. (*Planea*) Mmm, veamos... podría saltar sobre sus caries —pero creo que eso sería pegar debajo del nervio. (*Piensa nuevamente*) ¿Y qué tal si espero a que abra la boca otra vez y trato de nadar contra la corriente? (*Analiza la idea por un momento*) No, no funcionaría. ¡De la manera en que este tipo toma agua, probablemente me ahogaría durante el intento!... Supongo que podría darle un malestar estomacal si salto unas 400 ó 500 veces... pero, realmente no creo que sea muy agradable observarlo desde este ángulo si se enferma.

(*Desanimado*) Ay, vale más que lo admita. Estoy atrapado. Además, sólo estoy recibiendo lo que merezco, creo. Después de todo, he estado huyendo de Dios. (*Mira hacia arriba*) ¡Pero, Señor, yo no sabía que Nínive era tan importante para ti!... ¡Tú sabes, Señor, es una ciudad mala! ¡Son todos unos perdidos! ¿Por qué desperdicias tu tiempo con ellos? NUNCA se arrepentirán de sus pecados. ¡NUNCA cambiarán! (*Hace una pausa como si Dios le estuviera hablando*) Bueno, sí, Señor, es cierto que yo me arrepentí de MIS pecados, pero... (*Otra pausa*) Bueno, tienes razón, realmente cambié. Pero, Señor, ¡la gente de Nínive es DIFERENTE! Sus pecados son MALOS... en su caso, realmente estamos hablando de pecadotes. (*Otra pausa corta*) Claro, pecado es pecado, pero... (*Pausa*) Por supuesto, sé que no hay pecados pequeños, pero... (*Hace una pausa impacientemente*) Está bien, mira —así no llegaremos a ningún acuerdo, así que... Señor, te hago una propuesta: (*persuasivo*) Deja que vaya a Egipto. Celebraré reuniones en una gran carpa, cruzadas, avivamientos, escuelas bíblicas vacacionales —Señor, lo que tú quieras. ¿No crees que eso sería suficiente para compensar por lo de Nínive? (*Pausa*) ¿No? Bueno, ¿y qué tal una gran concentración juvenil? Rentaremos una pirámide —una vacía, por supuesto. ¡Con un gran sonido!... ¡Seguro que eso te hará olvidar Nínive! (*Pausa*) No, de nuevo, ¿eh? ¡VAYA, CUANDO SE TE METE EN LA CABEZA UN PLAN...!

Está bien, dime, Señor, ¿por qué Nínive es tan importante para ti? Constantemente te han rechazado. No quieren aceptar nada de tu Palabra. Así que, ¿por qué no te olvidas de ellos? (*Hace una pausa y después contesta impacientemente*) ¿Pero cómo PUEDES amarlos?

(*Mira hacia arriba*) ¡Ay, no puede ser! (*Con disgusto*) ¡Es hora de COMER otra vez! ¿Dónde piensa este tipo que está, en un bufé? ¡TODOS A SUS PUESTOS DE BATALLA — SE ACERCA OTRA AVALANCHA DE PESCADO CRUDO!

(*Sacudiéndose la ropa*) ¡Uf! ¡Espero que con eso quede satisfecho por un buen rato!... Comienzo a sentirme cómo una menta para el aliento después de la comida.

Bien, ¿en qué nos quedamos?... ¡Ah sí, volviendo a Nínive! Ellos no valen la pena, Señor. ¡Créeme! (*Pausa*) Entonces, ¿esa es tu palabra final? ¿No vas a cambiar de opinión? ¿Amas a Nínive y soy yo el que tiene que informárselos?

Está bien, Señor, veamos cuáles son mis opciones. Puedo obedecerte e ir a Nínive, o puedo quedarme aquí y tratar de vivir dentro de esta ballena. (*Mira alrededor sin mucho entusiasmo*) No hay mucho que hacer aquí dentro, Señor. Ya le limpié los dientes — y toqué cuatro canciones caribeñas con sus amígdalas. Y para serte franco, Señor, no quisiera estar aquí para el desayuno. Además (*con sinceridad*), ¡realmente no me gustar huir de ti! (*Mira alrededor con disgusto*) ¡Mira dónde caí por hacerlo! (*Pretende andar con dificultad entre toda la comida y basura*) ¡Nínive no puede estar así de mal!

(*Sacudiendo su ropa*) Está bien, Señor, iré a Nínive, ¡e IRÉ CON UNA SONRISA! ¡Sólo sácame de aquí, y lo antes posible!

(*Mira hacia arriba*) ¡Eh! ¿Qué es eso? (*Escucha*)... Parece que este tipo está tratando de estornudar! (*Emocionado*) Esta es mi oportunidad para escapar de aquí... (*Anima a la ballena*) Aaa... aaa... (*se detiene repentinamente*) ¡Vamos, estornuda de una vez! (*Animándola con más entusiasmo*) ¡Aaa... aaa... CHUÚ!

(*Pretende salir casi volando del escenario mientras dice la última línea con voz fuerte*) ¡¡¡Salud, Y ADIÓS!!! Nínive, ¡¡¡AQUÍ VOY... POR CORREO AÉREO!!! ∎

¿POR QUÉ TANTOS GRUÑIDOS?

La historia de Daniel y el foso de los leones

• Comedia breve •

Personajes:

CORNELIO

SIMEÓN

NARRADOR

CORNELIO y SIMEÓN son dos de los príncipes que procuraban la muerte de Daniel.

(*La escena comienza con CORNELIO Y SIMEÓN observando de lejos mientras Daniel es llevado al foso de los leones*).

CORNELIO: ¡Bueno, dio resultado!

SIMEÓN: ¡Mejor de lo que imaginamos!

CORNELIO (*riendo*): ¿Viste la cara de Daniel cuando le dijimos acerca de la nueva ley del rey Darío?

SIMEÓN: Quieres decir NUESTRA nueva ley, ¿verdad? ¡ENGAÑAMOS al rey para que firmara ese tonto decreto, así como lo engañamos para que firmara todos los otros decretos a lo largo de estos años!

CORNELIO: Claro, como el que dice que es ilegal pintar a las ovejas. (*Se ríe*).

SIMEÓN (*sorprendido*): ¿Eso está en los libros?

CORNELIO: Por supuesto. ¿No lo recuerdas?

SIMEÓN (*suspira*): Bueno, ¡entonces se acabó mi diversión de los sábados por la noche!

CORNELIO (*lo mira extrañado*): ¿Sabes, Simeón? (*Señalando la cabeza del otro*) ¡A veces creo que tu carroza no anda sobre las dos ruedas!

SIMEÓN (*con sinceridad*): Gracias.

CORNELIO (*confundido*): Bueno, como te decía... me imaginé que si recurríamos a la vanidad de Darío, él firmaría ese decreto que prohibía a todos hacer reverencia a cualquier otro rey por 30 días.

SIMEÓN: ¡Sí, pero Darío no se dio cuenta de que el decreto que firmó también era el certificado de muerte para Daniel!

CORNELIO: Ay, por favor, mi peculiar amigo. No lo llames certificado de muerte. Ese término es tan desagradable... Simplemente di que le estamos dando a Daniel la oportunidad de comenzar una nueva profesión — ¡como domador de leones!

SIMEÓN (*ríe con maldad*): Y con entrenamiento en el mismo trabajo, ¿eh?

CORNELIO: Por supuesto. Sólo espero que no tenga que dar mucho de sí, ¿entiendes lo que quiero decir?

SIMEÓN: ¿Como tener que estar en dos lugares al mismo tiempo?

CORNELIO: O tres o cuatro.

SIMEÓN: O cinco o seis.

CORNELIO: Te das cuenta, por supuesto, de que existe la remota posibilidad de que Daniel quede hecho pedazos debido a la tensión de este nuevo trabajo.

SIMEÓN: ¿Acaso no es esa la idea?

CORNELIO: Yo simplemente estoy contento de ya no tenerlo cerca. En lo personal, su actitud insoportable ya me estaba cansando.

SIMEÓN: ¿Su actitud insoportable? ¿Daniel? ¡Lo único que hacía todo el tiempo era sonreír!

CORNELIO: Lo sé. A eso me refiero. ¿Por qué no era él también miserable como el resto de nosotros?

SIMEÓN: A mí no me caía bien porque siempre actuaba como si hubiera sido la mano derecha de Darío.

CORNELIO: Bueno, ese era su título oficial.

SIMEÓN: ¿Y qué? ¡Darío es zurdo! Además, ¿para qué necesitaba el rey Darío a alguien como Daniel? ¡Es decir, después de un tiempo uno se aburre de la eficiencia!

CORNELIO: De cualquier modo, ya no tenemos que competir contra el "rey de la perfección". ¡El desobedeció la ley, y ahora va a pagarlo!

SIMEÓN: ¡Qué suerte tuvimos de descubrirlo cuando oraba!

CORNELIO: ¡La suerte no tuvo nada que ver con eso, Simeón! Ese fanático va a la misma ventana tres veces al día, todos los días, y a la misma hora todos los días, y ora con el mismo fervor todos los días. Podrías fijar la hora de tu reloj de sol con él.

SIMEÓN: ¡Bueno, a ver si sus oraciones lo pueden salvar ahora!

CORNELIO: Dime, Simeón, ¿están hambrientos los leones?

SIMEÓN: ¡No los han alimentado por una semana!

CORNELIO: ¡Qué bien! ¡No soporto ver que un león apenas toque su comida! ¡Especialmente cuando nos hemos tomado tanta molestia para servírsela!

SIMEÓN: ¡No tendrás que preocuparte por eso! ¡Es más, puedo escuchar los chasquidos de sus labios desde aquí!

CORNELIO: ¡Esos no son los leones, tonto! ¡Es el hombre sentado detrás de nosotros comiendo palomitas de maíz!... ¡Mira! Darío está dando la señal... ¡ya es hora!

SIMEÓN: Pobre Darío. Ni siquiera se da cuenta de que fue engañado para que matara a su mejor amigo.

CORNELIO: Adiós, Daniel... Ah, sí, ¡que tengas un buen día!

SIMEÓN: ¡Allá va! ¡Lo echaron al foso!

CORNELIO: ¡No soporto ver esto! Tengo un estómago muy delicado.

SIMEÓN: ¿Entonces, por qué estás haciendo retratos?

CORNELIO: Sólo son dibujos. Los estoy haciendo para mi libro de recuerdos. Me gustaría recordar a Daniel como era... tú sabes... antes que se hiciera trizas.

SIMEÓN: Bueno, es mejor que te des prisa y termines. Los soldados se están preparando para cubrir el foso con una gran roca.

CORNELIO: ¿Qué?

SIMEÓN: ¡Y mira! ¡El rey Darío la está sellando con su anillo. Supongo que no quiere ver.

CORNELIO: Pero yo sí quiero... ¿Ahora qué se supone que debemos hacer para entretenernos?

SIMEÓN: ¿Alguna vez has intentado pintar ovejas?

CORNELIO: ¡Nunca podría ser tan divertido como ver a Daniel estirando la pata!

SIMEÓN (*piensa por un momento*): ¡No, pero está bastante cerca!

CORNELIO: Bueno, aunque no nos permitan verlo, todavía es una satisfacción saber que ya nos deshicimos del "santito de las sandalias" de una vez por todas.

SIMEÓN: Claro, ¡no ha habido nadie que sobreviva en el foso de los leones!

CORNELIO: De cualquier modo, me hubiese gustado verlo.

SIMEÓN: ¡No eres el único!

CORNELIO: Entonces, ¿qué quieres hacer ahora? ¿Ir a casa o quedarte por aquí hasta la mañana?

SIMEÓN: ¿Por qué no nos quedamos aquí? Después de todo, si ya no puedo pintar ovejas, ¿qué más podría hacer?

NARRADOR: Los dos hombres pasaron la noche vigilando el foso de los leones, alertas a cualquier sonido de lucha. ¡Pero la noche transcurrió silenciosa, y al amanecer los dos hombres estaban completamente desconcertados!

CORNELIO: ¡No escuché absolutamente nada en toda la noche! ¿Y tú?

SIMEÓN: El único gruñido que escuché fue el de mi estómago.

CORNELIO: ¿No dijiste que esos leones se estaban muriendo de hambre?

SIMEÓN: ¡Y lo estaban! Si no me crees, pregúntale al encargado del foso.

CORNELIO: ¿Te refieres a Herodes "Tres Dedos"?

SIMEÓN: No, a Herodes "Dos Dedos".

CORNELIO: ¡Mira! ¡Ya viene el rey Darío!

SIMEÓN: Está ordenando que quiten la roca.

CORNELIO (*pausa*): Está gritando algo hacia el foso. ¡Escucha!

SIMEÓN: ¿Puedes entender lo que está diciendo?

CORNELIO: ¡Shhh!

SIMEÓN (*pausa breve*): Bueno, ¿qué está diciendo?

CORNELIO: ¡Shhh!

SIMEÓN (*otra pausa breve*): ¿Y? Cornelio, ¿puedes escuchar lo que dice?

CORNELIO: ¡No! Sólo oigo lo que TÚ dices. ¡Guarda silencio! (*Escucha por un momento*) Está diciendo: "Daniel, oh Daniel, siervo del Dios viviente".

SIMEÓN: Pero, ¿por qué le está hablando a Daniel? Daniel está muerto.

CORNELIO: Pobre hombre. Ha de estar delirando de tristeza.

SIMEÓN: ¿Qué es lo que dice ahora?

CORNELIO: Shhh. (*Escucha por un momento*).

SIMEÓN: ¿Bueno? ¿Qué fue lo que dijo?

CORNELIO (*molesto*): ¿Tendremos que repetir todo otra vez?

SIMEÓN: Está bien, guardaré silencio.

CORNELIO (*escucha*): Está diciendo: "El Dios tuyo, a quien tú continuamente sirves, ¿te ha podido librar de los leones?"

SIMEÓN: Darío no se da por vencido, ¿verdad?

CORNELIO: Patético, ¿no te parece? Digo, ¿es que REALMENTE cree que el Dios de Daniel lo pudo haber salvado de esos leones feroces?

SIMEÓN: ¡Espera!... ¿Escuchaste a alguien decir: "Rey, vive para siempre"?

CORNELIO: Probablemente fue Darío. El se habla a sí mismo todo el tiempo, tú lo sabes.

SIMEÓN: ¡Pero parecía la voz de Daniel!

CORNELIO: ¡Eso es ridículo!

SIMEÓN: ¡Vino del foso!

CORNELIO: ¿Y qué? Tal vez uno de los leones es ventrílocuo.

SIMEÓN: ¡Espera un momento! ¡MIRA! ¡Allá abajo!... ¿Acaso no es Daniel?

CORNELIO: No puede ser Daniel. ¡Ese hombre está enterito!

SIMEÓN: ¡Pero ES Daniel! ¡Y mira! ¡Su ropa ni siquiera está desgarrada! ¡Es más, viendo su apariencia, creo que él pasó mejor noche que nosotros!

CORNELIO: ¡Tienes razón, ES Daniel!... Reconozco su sonrisa. ¿Acaso no hay ALGO que ponga a ese hombre triste?

SIMEÓN: ¡Ay! ¡Los guardias nos han descubierto!

CORNELIO: ¿Ahora qué hacemos?

SIMEÓN: No sé, pero será mejor que pensemos en algo rápidamente. ¡Darío no se ve muy contento!

CORNELIO: Ya sé. Está ordenando a los guardias que lancen al foso de los leones a todos los que conspiraron contra Daniel.

SIMEÓN: ¿Cómo sabes?

CORNELIO: Porque acaba de decir: "¡Lancen al foso de los leones a todos los que conspiraron contra Daniel!"

SIMEÓN: ¿Crees que se refiere a nosotros?

CORNELIO: Bueno, realmente dudo que los guardias estén caminando hacia nosotros para darnos la mano. (*CORNELIO y SIMEÓN luchan contra guardias imaginarios*). ¡Eh! ¡Amigos, esperen un momento! ¡Sólo fue una broma! ¡Sabíamos que el Dios de Daniel lo salvaría!

SIMEÓN: ¡Claro! (*mira a CORNELIO*) ¿Lo sabíamos?

CORNELIO: ¡Seguro que sí! ¡Sólo queríamos probar al rey Darío que el Dios de Daniel es el único Dios VERDADERO!

SIMEÓN: ¡Claro! (*mira a CORNELIO*) ¿Era eso lo que queríamos?

CORNELIO: ¡Claro! ¡Todo era parte del plan!

SIMEÓN (*mira a CORNELIO*): ¿Lo era?

CORNELIO (*mientras es empujado fuera del escenario por guardias imaginarios*): ¡Eh! Vamos, ¿acaso no me creen?

SIMEÓN (*también es empujado por guardias imaginarios*): Bueno, Cornelio, tómalo con optimismo. Después de todo, Daniel sobrevivió en el foso de los leones.

CORNELIO: ¡Lo sé, pero él tenía a su Dios a su lado! ¡Yo sólo te tengo a TI! (*Mira a la audiencia*) ¡Y nunca me he sentido tan SOLO en toda mi vida! (*Hacia el guardia imaginario que lo está empujando*) ¡Está bien! ¡Ya voy, ya voy! (*CORNELIO y SIMEÓN salen del escenario luchando aún contra los guardias*). ■

COMPAÑEROS DE CUARTO

La historia del hijo pródigo

• Monólogo cómico •

Personaje:

EL HIJO PRÓDIGO

(*La escena comienza con el HIJO PRÓDIGO hablándonos desde el chiquero —¡completamente sucio!*)

¡Ah! ¡Esto es vida!... Bueno, claro, no es precisamente el Hotel Jerusalén de cinco estrellas. Es más, ustedes estarán pensando que se parece mucho a un chiquero. ¡Pero, miren, realmente no es muy distinto a los cuartos de muchos adolescentes que conozco! Además, ¡aquí no tengo que dar cuentas a NADIE! ¡Ni a mi papá, ni a mi hermano, a NADIE!

Claro, tengo que admitir que las cosas no resultaron exactamente como esperaba. Pero, verán, tuve algunos contratiempos financieros desde que dejé mi casa... Hice algunas inversiones malas, di muchos préstamos a mis amigos y no me los devolvieron, y básicamente malgasté la mayor parte de mi dinero.

De cualquier modo, no creo estar tan mal considerando que lo hice por mi propia cuenta. Después de todo, tengo al alcance de mis manos toda la comida que quiera... Realmente (*con un gesto de repugnancia*), quizá deba decir que está al alcance de mis pies, ¡escurriéndose entre mis dedos! ¡Aquí nadie usa platos! Es como un bufé sueco sin mesa... un paseo por la cazuela... es como patinar por el mostrador de las ensaladas. Aquí no sirven las sobras, ¡más bien las usan!

He tratado de enseñar buenos modales a estos puercos, pero no tiene caso. Les doy servilletas... ¡y se las comen! Les digo que no suban los codos sobre la mesa... ¡y entonces suben los pies! Y no me importa si bufan hasta ponerse morados, sigo pensando que la salsa no se debe comer con los dedos.

Sin embargo, creo que ese es un precio muy barato que pagar por mi independencia. Ustedes me entienden, el derecho de hacer lo que yo quiera. Además, no me puedo quejar por mi cuarto. Tiene buena ventilación y mucha luz... y hasta tengo mi propia cama de agua — es decir, cuando los puercos me dejan dormir en el abrevadero!

¡Y del paisaje, ni se diga! No se ve otra cosa más que montañas y césped verde hasta donde alcanza la vista. ¡Sí, señor! ¡Esto es vida! Estoy libre para hacer lo que quiera, ir a donde quiera y ser lo que yo quiera. ¡No tengo que dar cuentas a NADIE!

¡Si no quiero hacer mi tarea, a nadie le importa! ¿Creen que un puerco se tiene que preocupar por mejorar sus notas de matemáticas?

Si no quiero limpiar mi cuarto, ¿creen que un puerco se va a quejar? ¡No! ¡Es más, me felicitan! Entre más sucio, mejor —ese es su lema. Y estamos hablando de MUGRE. Después de todo, ¡el puerco es un experto en suciedad!

Y lo mejor de todo es que aquí no hay esas amenazas de, "¡termina toda tu comida o te vas a la cama!" Miren, si no termino toda mi comida, ¿creen que a uno de estos puercos le va a importar? ¡Por supuesto que no! Eso significa más comida para ellos... o más mugre en donde jugar. ¡Créanme, esto es vida! ¡Sin tareas, sin quehaceres, sin problemas! ¡A nadie le importa lo que hago aquí! ¡Es así de sencillo! ¡A nadie le importa!

(*Piensa por un momento, después baja la cabeza y ríe sarcásticamente*) Supongo que es así de sencillo —a nadie le importa nada.

(*Se pone más solemne*) Ah, ¿a quién quiero engañar? ¡Este lugar es lo peor de lo peor, he tocado fondo, más bajo ya no puedo ir. ¡Me quedé sin nada! ¡No tengo amigos ni familia ni futuro!... ¡Y el color del lodo ni siquiera me sienta bien!

¿Saben? Al principio, cuando me fui de la casa, tenía muchos amigos. Por supuesto, también tenía mucho dinero. Pero cuando desapareció el dinero, también desaparecieron los que decían ser mis amigos. Ahora los únicos amigos que tengo son los cerdos, ¡y creo que ni siquiera les caigo tan bien!

He pensado en regresar a casa. ¡Créanme, los siervos de mi padre viven mejor que yo! Pero después de lo necio que fui, ¡no lo culparía si nunca más quisiera verme!

Aún así, si no me recibe en la casa con los brazos abiertos (*huele su ropa*), y no podría culparlo por eso... tal vez me deje trabajar como siervo, por lo menos. Después de todo, ahora tengo EXPERIENCIA en el trabajo con cerdos.

De cualquier modo, aprendí mi lección, y estoy listo para pedir perdón a mi padre. Ahora sé que la felicidad del mundo es superficial y temporal. ¡La única felicidad verdadera que tenía estaba en casa de mi padre!

¡Sí! Eso haré. ¡Rectificaré mi conducta y volveré a casa!... Hice sufrir a mi padre cuando me fui de casa hace tanto tiempo. Sólo espero que no sea demasiado tarde para pedirle perdón.

¡Bueno, cerdos, les doy mi notificación! ¡Este muchacho se irá de aquí y volverá al hogar al que pertenece!

(*Comienza a alejarse silbando, luego se detiene*) Me pregunto si antes debería mandar un mensaje para avisar a todos que volveré a casa. (*Piensa por un momento, después huele su ropa*) ¡Nooo! ¿Para qué? ¡Ya sentirán mi olor! (*Sale del escenario silbando feliz*). ∎

SÓLO UN POQUITO DE DETERMINACIÓN

La historia de Zaqueo

• Monólogo cómico •

Personaje:

ZAQUEO, un hombre pequeño con grandes ideas

(*La escena comienza con ZAQUEO caminando entre una multitud imaginaria, brincando de vez en cuando para tratar de ver por encima de la gente*).

Con permiso... Con permiso... Si tan sólo pudiera acercarme un poco más. Discúlpeme, pero no puedo ver... ¡Ah, por qué tenía que ponerme detrás de un fariseo! ¡No puedo ver nada con ese turbante en su cabeza!

(*Sigue avanzando, tratando de abrirse paso entre la multitud*) ¡Lo único que quiero es verlo!... Por favor, ¿me podría dejar pasar? (*Abriéndose paso entre la multitud*) Con permiso. Disculpe. (*Se detiene de pronto y suspira con fastidio*) ¡Ah, magnífico! ¡Ahora vengo a dar detrás de un Goliat de tres metros! ¿Acaso no hay personas de baja estatura en Jericó, aparte de mí?

(*Mira arriba y abajo analizando la estatura de este gigante imaginario, después dice*) Disculpe, señor. ¡Señor! ¡Aquí abajo, señor! (*Jala lo que sería la falda de la túnica del gigante*) Señor, ¿se podría mover sólo un poquitito?... Bueno, no, no tiene que hacerlo si no quiere. Sólo pensé que... ¿Usted es qué? El campeón de peso pesado de Jericó, ¿eh?... Bueno, en ese caso, por favor, no se moleste. Iré a buscar las rodillas de alguien más, ya que es lo único que alcanzo a ver.

¿Qué dice? ¿Me está retando a MÍ a una pelea? Pero, señor, ¡yo no soy luchador! La única vez que me subo al cuadrilátero es para cobrar los impuestos del campeón... ¡y aun así, termino con magullones por las cuerdas!

Así es, soy cobrador de impuestos. ¿Por qué? Ah... ¿dice que no le caen bien los cobradores de impuestos? (*Comienza a retroceder nervioso*) Bueno, este, un momento, señor. Sólo es mi trabajo. ¡Es que, alguien tiene que hacerlo! ¡Señor, le está saliendo humo de las orejas! (*Retrocede un poco más*) ¿Se sentiría mejor si le digo que sólo es un trabajo de medio tiempo? Es más, ¡casi NUNCA estoy en la oficina!... ¡Señor, no debería apuntar con su espada! (*Retrocede aún más*)

Bueno, realmente me tengo que ir. Fue un placer haberle conocido, ¡que tenga muy buen día!

(*Moviéndose de un lado a otro entre la multitud imaginaria, ZAQUEO rápidamente se aleja. Cuando está seguro de haberlo perdido de vista, para y jadea*).

¡Uf! ¡Por fin lo perdí de vista! ¡Supongo que esa es la ventaja de ser bajo! ¡Y AHORA, la ventaja de ser cobrador de impuestos! (*ZAQUEO saca un cuaderno pequeño de su bolsillo y escribe*). ¡A ese grandulón se le hará auditoría!

Es más, si no puedo ir hasta adelante para ver a Jesús pronto, ¡a toda la ciudad se le hará auditoría!

(*Comienza a abrirse paso entre la multitud nuevamente*) Con permiso. Con permiso. ¿Podría pasar por aquí? ¿No?... ¿Dice "N" como en "Noé"... "O"? ¿No? ¿Es eso lo que dijo?... Muy bien, ¿me puede decir su nombre? (*ZAQUEO escribe otra vez en su cuaderno*) ¡Gracias! (*Comienza a alejarse, después voltea y grita*) ¡Espero que haya guardado todos sus recibos!

(*ZAQUEO sigue caminando*) Disculpe. ¿Puedo pasar por aquí?... ¿No? Muy bien. ¿Su nombre, por favor? (*ZAQUEO escribe en su cuaderno*) Gracias. (*Continúa hacia la próxima persona*) Con permiso. (*Aclara su garganta para llamar la atención del hombre*) ¡Con permiso!... ¡Ajá! ¡Usted es uno de los que no me dejaron pasar antes! ¡Su nombre, por favor! (*ZAQUEO escribe*) Gracias. (*Vuelve a intentar en vano pasar entre el próximo grupo de personas*).

¡Esto es ridículo! (*Guarda su cuaderno*) ¡Debe haber alguna manera en que pueda ver a Jesús! ¡Todo lo que quiero es ver a este hombre del que tanto he escuchado hablar! De cualquier manera, no estoy bien vestido como para conocerlo en persona. Sólo quiero verlo un momento.

(*Mira a su alrededor*) Mmm... allá hay un árbol... Me pregunto si... No me he subido a un árbol desde... mmm... creo que NUNCA me he subido a un árbol. ¡No es que la gente nunca haya tratado de convencerme de que lo haga! Siempre me están diciendo: "Zaqueo, ¿por qué no te subes a un árbol?" Bueno, en realidad lo que quieren es mandarme lo más lejos posible. (*Mira hacia la audiencia*) Los cobradores de impuestos no tienen muchos amigos, ¿lo sabían?

Veamos, parece que ese árbol se podría trepar fácilmente. Si tan sólo pudiera alcanzar esa rama más baja.

(*ZAQUEO trata de alcanzar la rama imaginaria, pero no tiene éxito. Lo intenta nuevamente, pero vuelve a fallar*). ¡Ay, no sé por qué Dios no hizo escaleras en estas cosas!

(*Intenta alcanzar la rama una vez más, y esta vez lo logra; después, con dificultad intenta seguir subiendo*) ¡Por fin, creo que lo logré! (*Mira por encima de la multitud*) ¡Ah, qué bien, esto está MUCHO mejor! ¡Allá está Jesús! (*Se esfuerza para ver mejor a Jesús a lo lejos*) Pero aún no puedo ver bien su rostro. ¡Jesús! ¡Mira hacia acá, Jesús! ¡Aquí arriba, en este árbol! ¡Jesús! (*Estira el cuello tratando de ver lo mejor posible, después suspira*)... ¡Es inútil! ¡NUNCA mirará hacia acá! ¡Tal vez Él sea como todos los demás! Después de todo lo que tuve que hacer para subir a este árbol, y sólo para poder verlo, ¡ni siquiera se molesta en mirar en esta dirección!

Bueno, ¿para qué seguir? Supongo que sólo soy una mala inversión en el ocaso de la vida. Creo que bajaré y me iré a casa. (*Empieza a bajar del árbol*) Eh, un momento. ¿Escuché que alguien dijo mi nombre? (*Mira a su alrededor*) ¡Sí, sí! ¡Estoy aquí arriba... en este árbol! (*Mira a su alrededor otra vez*) ¡Eeeh! ¡Aquí arriba! (*Escucha*) ¡Me llamaron otra vez! Y me están llamando por mi VERDADERO nombre en vez del sobrenombre, "Eh, tú".

(*Mira a su alrededor, después se queda boquiabierto de la sorpresa*) ¡Es Jesús! ¡Y me está mirando directamente! (*Nervioso*) ¡Ayayay! ¡Viene hacia aquí! ¡SABÍA que debía haberme puesto otra ropa mejor hoy!... Uno SIEMPRE conoce a alguien importante cuando está vestido con lo peor.

Bueno, tal vez no le importe. (*Se arregla un poco. Sacude su ropa con las manos, etc.*) ¡Ya viene!... ¡Miren cómo se quedan viendo todos! ¡Seguramente se están preguntando por qué alguien tan importante como Jesucristo perdería su tiempo con el chaparro de Zaqueo!... Es más, yo también me pregunto lo mismo. Después de todo, generalmente soy la ÚLTIMA persona a quien la gente quiere ver.

(*Mira hacia abajo*) ¡Sí, Jesús!... ¡Mi nombre ES Zaqueo! ¿Qué dices? ¿Dices que te gustaría ir a cenar a MI casa?... ¿Estás SEGURO de que no me estás confundiendo con alguien más? Tal vez alguien más popular, más simpático, más — bueno, ¿cómo podría explicarlo?... ¿MÁS ALTO?

¡No, Jesús! ¡No lo tomes a mal! ¡Por supuesto que eres bienvenido! ¡Es que no estoy acostumbrado a que alguien quiera ser mi amigo —excepto, por supuesto, cuando estoy haciendo auditoría.

Pero si realmente quieres ir a mi casa, prometo que te prepararé un banquete como nunca antes has tenido. Sólo dame un minuto para bajar de este árbol. (*ZAQUEO baja del árbol imaginario. Al hacerlo, se dice a sí mismo*) Miren cómo me quedan viendo... todas esas personas que se reían de mí por ser bajo de estatura. ¡Ya no se están riendo! Es porque Jesús examinó mi potencial y calculó los resultados, por decirlo así. Vio el valor de la persona que puedo llegar a ser, y no solamente mi valor actual. ¡Miró más allá de mi tamaño y vio las grandes alturas que podría alcanzar! ¡Así que, supongo que no soy tan pequeño e insignificante como pensé! ¡Creo que SÍ SOY importante para el reino de Dios!

(*Se aleja caminando con orgullo*) ¡Ven, Jesús! ¡Vamos a cenar! ∎

¡PESCADO FRITO PARA TODOS!

La historia de los cinco panes y dos peces

• Comedia breve •

Personajes:

PEDRO

JUAN

ANDRÉS

MATEO

(La escena comienza con PEDRO sentado sobre una piedra, el tronco de un árbol, o alguna otra cosa semejante. JUAN y ANDRÉS están ocupados limpiando después de la gran cena).

PEDRO (*quejándose*): Aaay, apenas puedo respirar. ¡No debí haber comido ese último pedazo de pescado!... ¡Y pensar que todo eso vino del almuerzo de un niño!

ANDRÉS: ¡Fue un milagro, hermanos! ¡Un verdadero milagro!

JUAN: Pedro, ¿quieres más pescado? ¡Sobró bastante!

PEDRO: ¿Bromeas? ¡Estoy tan lleno que van a tener que llevarme rodando hasta el bote! ¡Aaay... (*se agarra el estómago*)!

ANDRÉS: ¡Nadie te dijo que comieras toda una canasta de pescado tú solo!

PEDRO: Lo sé, pero tú sabes lo que pasa en los bufés. Los ojos siempre son más grandes que el estómago.

JUAN: ¿Puedes creer lo que pasó aquí hoy? ¡Jesús alimentó a una multitud de 5,000 hombres con el almuerzo de un niñito, sólo con cinco panes y dos pescados! ¡Y aún nos quedan 12 canastos llenos!

ANDRÉS: Hay que ver si la gente se quiere servir por segunda vez.

JUAN: ¿Segunda vez? ¡Ya se han servido por tercera y cuarta vez!

PEDRO: Bueno, ¡no me miren a mí! ¡Ya me siento como la ballena que se tragó a Jonás!

JUAN: ¡Este fue un banquete! ¿verdad, Pedro?

PEDRO: ¡Fue una comida milagrosa!

ANDRÉS: ¡Muchos niños se hubiesen apartado para comer su almuerzo solos!

PEDRO: ¡Muchos adultos lo habrían hecho también!

ANDRÉS: Pero por la bondad de este niño que dio lo poco que tenía, ¡Jesús lo bendijo y multiplicó para que todos pudieran comer!

PEDRO: ¡Y comer! ¡Y comer! ¡Y comer!

MATEO (*se acerca a los demás llevando una canasta con pescado*): ¿Alguien quiere más pescado? (*JUAN, ANDRÉS y PEDRO se quejan*) ¡Sobró bastante!

PEDRO: Si como un bocado más, ¡me van a usar de ancla!

ANDRÉS: Eso va para mí también.

JUAN (*se queja*): Para mí también.

MATEO: Ha sido un gran día, ¿verdad, hermanos míos?

ANDRÉS: ¡Así es, Mateo! ¡Así es!

PEDRO: ¿Quién habría pensado que seríamos testigos de un milagro como este?

JUAN: Bueno, ¡yo aprendí algo!

ANDRÉS: ¿Qué cosa?

JUAN: ¡Aprendí a confiar en El!

MATEO: ¡Todos hemos aprendido eso, Juan!

JUAN: Después de todo, si pudo dar de comer a una multitud de 5,000 hombres con sólo cinco panes y dos pescados, entonces ¡de seguro puede suplir todas nuestras necesidades!

ANDRÉS: ¡Y algunas más! ¡No olvides que también habían mujeres y niños! Así que, realmente Jesús dio de comer a más de 5,000.

MATEO: ¡Además, tenemos que tomar en consideración el apetito de Pedro!

JUAN: Y aún tenemos 12 canastos de lo que sobró. ¡Así que no necesitamos preocuparnos por mañana! ¡Todo lo que tenemos que hacer es confiar en El!

ANDRÉS: Como dijo el salmista de antaño: "No he visto justo desamparado ni a su descendencia que mendigue pan".

PEDRO: ¡Y con Jesús SIEMPRE tendremos más de lo que necesitamos! ∎

Doña "Limpieza"

La historia de Marta

• Comedia breve •

Personajes:

MARTA

MARÍA

(*La escena comienza con MARTA sosteniendo un montón de platos en una mano y una jarra en la otra. MARÍA está parada cerca de ella*).

MARTA: ¡María! ¿Me ayudarás a servir a nuestros invitados, o no?

MARÍA: Te ayudaré, pero primero hay otras cosas que debo hacer.

MARTA: Por ejemplo, servir los refrescos. (*Le da la jarra*) ¡Vamos, date prisa!

MARÍA: ¡Pero quiero estar con Jesús!

MARTA: Yo también. Pero primero debemos cumplir con nuestra obligación, María. ¡Hay invitados a los que debemos atender, platos que lavar y pisos que barrer! ¡Hay MUCHO que hacer, María!

MARÍA: ¡Tú sólo piensas en el quehacer! Marta, ¿no te das cuenta de que Jesús no estará con nosotras siempre? ¡El trabajo de la casa siempre estará aquí!

MARTA: ¡Considerando la manera en que tú lo haces, sí, siempre estará aquí! ¿No crees que Jesús aprecia una casa limpia y buena comida?

MARÍA: Por supuesto. Pero primero quiero mostrarle cuánto lo amo ungiendo su cabeza y sus pies con perfume fino.

MARTA: Yo prefiero ofrecerle un lugar limpio donde sentarse.

MARÍA: Pero, Marta, Jesús necesita escucharte decir que tú también lo amas.

MARTA: Jesús sabe que lo amo.

MARÍA: De todos modos necesita que se lo digas. Por eso compré este perfume caro para ungirlo.

MARTA: Pero, ¿y qué de nuestros invitados? Es necesario atenderlos y debemos también limpiar la casa.

MARÍA: Te ayudaré más tarde. Te lo prometo. (*Sale*)

MARTA (*comienza a barrer*): Supongo que debería ir con María para decirle a Jesús que lo amo, pero primero tengo tantas cosas que hacer aquí. Tengo que terminar de servir a los invitados, después debo lavar todas las cosas, y tengo tres canastos de ropa sucia que lavar... y hay un cerro de platos que han estado remojándose por tanto tiempo que seguramente ya se han oxidado. No puedo descansar ni un momento. Por lo menos, no ahora.

MARÍA (*vuelve a entrar*): Bueno, Marta, ¿vienes conmigo o no?

MARTA: Me encantaría, María. En realidad me gustaría. Pero hoy no tengo tiempo.

MARÍA: Te dije que te ayudaría cuando regresemos. Vayamos para estar con Jesús un momento; después regresaremos y haremos todos los quehaceres.

MARTA (*suspira*): Bueno, está bien. Pero adelántate. Llegaré tan pronto como termine de barrer.

MARÍA: Está bien. (*Comienza a salir*).

MARTA: Sólo terminaré de barrer; después lavaré ese montón de platos sucios... y después te alcanzo.

MARÍA: ¡Fantástico! (*Intenta salir otra vez*).

MARTA: No me llevará más que unos minutos terminar de barrer, lavar el montón de platos y servir el postre. Así que, tú sigue. ¡Llegaré en un momento!

MARÍA (*se pone un poquito impaciente*): ¡Está bien! (*Comienza a salir nuevamente*).

MARTA: Sólo terminaré de barrer, lavaré ese montón de platos, serviré el postre y luego pondré un poco de ropa sucia a remojar. No me tomará mucho tiempo.

MARÍA (*fastidiada*): Bueno, Marta, ¿por qué no limpias toda la casa de una vez?

MARTA: ¿Qué? ¿Y hacer esperar a Jesús? ¡¡¡NO ME ATREVERÍA NI SIQUIERA A PENSARLO!!! ■

EL PRIMER "SUPERHÉROE"

La historia del buen samaritano

• Comedia breve •

Personajes:

REPORTERO MOSHAM III (*reportero investigador*)

HOMBRE HERIDO

SACERDOTE

LEVITA

BUEN SAMARITANO

(*La escena comienza con el HOMBRE HERIDO tirado al costado del camino. El REPOR-TERO MOSHAM III está transmitiendo la historia*).

REPORTERO: Les habla el REPORTERO MOSHAM III, reportando para el Noticiero Jericó. Estamos al lado de un camino donde un hombre fue severamente golpeado, asaltado y abandonado. Como siempre, estuvimos aquí para filmarlo. Sin embargo, lo interesante es que nadie se ha detenido para ayudar a este hombre moribundo. (*Se acerca el SACERDOTE, con vestimenta sacerdotal de ese tiempo*). Miren, les demostraré lo que quiero decir. (*Al SACERDOTE*) Discúlpeme, su santidad.

SACERDOTE: ¿Sí?

REPORTERO: Noté que está caminando por el otro lado del camino. ¿Hay alguna razón por la que hace esto?

SACERDOTE: Por supuesto. Hay un cuerpo desangrándose sobre aquel lado (*señala*).

REPORTERO: ¿Pero, no lo va a ayudar?

SACERDOTE: ¿No lo ayudará usted?

REPORTERO: Yo estoy trabajando en este momento.

SACERDOTE: ¡Y a mí ya se me hizo tarde para una cita! (*Sale el SACERDOTE*)

REPORTERO (*hacia la audiencia*): ¿Ven lo que les digo? Nadie quiere ayudar a este pobre hombre. ¡Un momento! Aquí viene un levita. Tal vez él lo ayude. (*Al LEVITA*) Señor, disculpe.

LEVITA: ¿Sí?

REPORTERO: ¿Ve a ese hombre que está allá?

LEVITA: ¿Se refiere al que está muriendo al costado del camino?

REPORTERO: El mismo.

LEVITA: Sí, lo veo.

REPORTERO: Bueno, ¿no va a ayudarlo?

LEVITA (*Mira en dirección al HOMBRE HERIDO, después nuevamente al REPORTERO. Dice indiferente*): No.

REPORTERO: ¿No?

LEVITA: No soy doctor.

REPORTERO: No, pero tal vez podría ayudarlo.

LEVITA: Tal vez USTED podría ayudarlo.

REPORTERO: Pero ESTOY ayudando. ¡Estoy reportando lo que ha sucedido!

SACERDOTE: Y yo también estoy ayudando al quedarme de este lado. Le estoy dando aire, ¡bastante aire!

REPORTERO: Creo que él necesita algo más que aire, señor.

LEVITA: Bueno, lo siento pero mi lema es: "¡NUNCA TE INVOLUCRES!"

REPORTERO: Pero, ¿qué pasaría si ese hombre tirado al lado del camino fuera su hermano? ¿No querría que alguien lo ayudara?

LEVITA: Supongo que tiene razón. (*Camina hacia el hombre herido, lo mira*) Pero NO es mi hermano. (*Sale*)

REPORTERO (*hacia la audiencia, reflexionando*): "No es mi hermano"... Bueno, eso lo dice todo, ¿verdad, amigos? (*Pausa*) ¿Será posible que nos hayamos convertido en una sociedad tan fría e insensible que una vida humana significa tan poco para nosotros? Un hombre fue golpeado, asaltado y abandonado al lado del camino para que muera —y casi nadie está dispuesto a ayudarle.

(*El BUEN SAMARITANO se acerca*).

BUEN SAMARITANO: ¿Qué sucede aquí?

REPORTERO: Unos ladrones asaltaron y golpearon a ese hombre.

BUEN SAMARITANO: ¿Se encuentra bien?

REPORTERO: Probablemente morirá.

BUEN SAMARITANO: ¿No hay alguien que haya ofrecido su ayuda?

REPORTERO: No, sólo pasan a su lado como si no estuviera allí.

BUEN SAMARITANO: Bueno, no morirá si yo puedo evitarlo.

REPORTERO: Supongo que usted conoce a ese hombre.

BUEN SAMARITANO: ¿Acaso debo conocer a alguien para ayudarlo?

REPORTERO: Parece que en este camino es así.

BUEN SAMARITANO: Bueno, yo tengo aceite y vendas para sus heridas. Haré todo lo que pueda.

REPORTERO: ¿Pero, no es usted samaritano?

BUEN SAMARITANO: Sí.

REPORTERO: Y este hombre es judío. Creí que ustedes no se llevaban bien.

BUEN SAMARITANO: Este hombre es un hermano y tiene una necesidad. Eso es lo único que importa.

REPORTERO (*hacia la audiencia mientras el BUEN SAMARITANO ayuda al HOMBRE HERIDO*): Si todos fuésemos más como este buen samaritano, ¡este mundo sería mucho mejor!

Y con esto damos fin a nuestra transmisión. Se despide el REPORTERO MOSHAM III con esta frase: ¿QUIÉN DICE QUE NO REPORTAMOS LAS BUENAS NUEVAS? ■

www.ingramcontent.com/pod-product-compliance
Lightning Source LLC
Chambersburg PA
CBHW081229020426
42331CB00012B/3102